AF461704

TABLE

DE PIÉTAGE

DES BOIS D'ACAJOU,

AU PIED,

Réduit à l'usage de Saint-Domingo,

PAR M. **DOMAS,**

ET AUGMENTÉE

PAR **B. GARNIER,**

DEPUIS 1 PIED 1/2 DE LONGUEUR JUSQU'A 12.

Table des Pièces.

1 PIED 1/2 DE LONGUEUR.

Largeur.	Epaisseur.	PRODUIT de chaque pièce.	
		Pieds.	pouces.
10	5	6	3
10	6	7	6
10	7	8	9
10	8	10	
10	9	11	3
10	10	12	6
11	5	6	10
11	6	8	3
11	7	9	7
11	8	11	
11	9	12	4
11	10	13	9
11	11	15	1
12	5	7	6
12	6	9	
12	7	10	6
12	8	12	
12	9	13	6
12	10	15	
12	11	16	6
12	12	18	
13	6	9	9
13	7	11	4
13	8	13	
13	9	14	7
13	10	16	3
13	11	17	10
13	12	19	6
13	13	21	1
14	6	10	6
14	7	12	3
14	8	14	
14	9	15	9

Largeur.	Epaisseur.	PRODUIT de chaque pièce.	
		Pieds.	pouces.
14	10	17	6
14	11	19	3
14	12	21	
14	13	22	9
14	14	24	6
15	6	11	3
15	7	13	1
15	8	15	
15	9	16	10
15	10	18	9
15	11	20	7
15	12	22	6
15	13	24	4
15	14	26	3
15	15	28	1
16	7	14	
16	8	16	
16	9	18	
16	10	20	
16	11	22	
16	12	24	
16	13	26	
16	14	28	
16	15	30	
16	16	32	
17	7	14	10
17	8	17	
17	9	19	1
17	10	21	3
17	11	23	4
17	12	25	6
17	13	27	7
17	14	29	9

1 1/2 2 2 1/2 3 3 1/2 4 4 1/2 5 5 1/2 6 6 1/2 7 7 1/2 8 8 1/2 9 1/2 10 10 11 11 12

Table des Pièces.

1 PIED 1/2 DE LONGUEUR.

Largeur.	Epaisseur.	PRODUIT de chaque pièce. Pieds.	pouces.
17	15	31	10
17	16	34	
17	17	36	1
18	7	15	9
18	8	18	
18	9	20	3
18	10	22	6
18	11	24	9
18	12	27	
18	13	29	3
18	14	31	6
18	15	33	9
18	16	36	
18	17	38	3
18	18	40	6
19	7	16	7
19	8	19	
19	9	21	4
19	10	23	9
19	11	26	1
19	12	28	6
19	13	30	10
19	14	33	3
19	15	35	7
19	16	38	
19	17	40	4
19	18	42	9
19	19	45	1
20	8	20	
20	9	22	6
20	10	25	
20	11	27	6
20	12	30	

Largeur.	Epaisseur.	PRODUIT de chaque pièce. Pieds.	pouces.
20	13	32	6
20	14	35	
20	15	37	6
20	16	40	
20	17	42	6
20	18	45	
20	19	47	6
20	20	50	
21	8	21	
21	9	23	7
21	10	26	3
21	11	28	10
21	12	31	6
21	13	34	1
21	14	36	9
21	15	39	4
21	16	42	
21	17	44	7
21	18	47	3
21	19	49	10
21	20	52	6
21	21	55	1
22	8	22	
22	9	24	9
22	10	27	6
22	11	30	3
22	12	33	
22	13	35	9
22	14	38	6
22	15	41	3
22	16	44	
22	17	46	9
22	18	49	6
22	19	52	3

Table des Pièces.

1 PIED 1/2 DE LONGUEUR.

Largeur.	Epaisseur.	PRODUIT de chaque pièce. Pieds.	pouces.
22	20	55	
22	21	57	9
22	22	60	6
23	9	25	10
23	10	28	9
23	11	31	7
23	12	34	6
23	13	37	4
23	14	40	3
23	15	43	1
23	16	46	
23	17	48	10
23	18	51	9
23	19	54	7
23	20	57	6
23	21	60	4
23	22	63	3
23	23	66	1
24	9	27	
24	10	30	
24	11	33	
24	12	36	
24	13	39	
24	14	42	
24	15	45	
24	16	48	
24	17	51	
24	18	54	
24	19	57	
24	20	60	
24	21	63	
24	22	66	
24	23	69	
24	24	72	
25	10	31	3
25	11	34	4
25	12	37	6
25	13	40	7
25	14	43	9
25	15	46	10
25	16	50	
25	17	53	1
25	18	56	3
25	19	59	4
25	20	62	6
25	21	65	7
25	22	68	9
25	23	71	10
25	24	75	
25	25	78	1
26	11	35	9
26	12	39	
26	13	42	3
26	14	45	5
26	15	48	9
26	16	52	
26	17	55	3
26	18	58	6
26	19	61	9
26	20	65	
26	21	68	3
26	22	71	6
26	23	74	9
26	24	78	
26	25	81	3
26	26	84	6
27	12	40	6
27	13	43	10

Table des Pièces.

1 PIED 1/2 DE LONGUEUR.

Largeur.	Epaisseur.	PRODUIT de chaque pièce.	
		Pieds.	pouces.
27	14	47	3
27	15	50	7
27	16	54	
27	17	57	4
27	18	60	9
27	19	64	1
27	20	67	6
27	21	70	10
27	22	74	3
27	23	77	7
27	24	81	
27	25	84	4
27	26	87	9
27	27	91	1
28	13	45	6
28	14	49	
28	15	52	6
28	16	56	
28	17	59	6
28	18	63	
28	19	66	6
28	20	70	
28	21	73	6
28	22	77	
28	23	80	6
28	24	84	
28	25	87	6
28	26	91	
28	27	94	6
28	28	98	
29	14	50	9
29	15	54	4
29	16	58	
29	17	61	7
29	18	65	3
29	19	68	10
29	20	72	6
29	21	76	1
29	22	79	9
29	23	84	4
29	24	87	
29	25	90	7
29	26	94	3
29	27	97	10
29	28	101	6
29	29	105	1
30	15	56	3
30	16	60	
30	17	63	9
30	18	67	6
30	19	71	3
30	20	75	
30	21	78	9
30	22	82	6
30	23	86	3
30	24	90	
30	25	93	9
30	26	97	6
30	27	101	3
30	28	105	
30	29	108	9
30	30	112	6

Table des Pièces.

2 PIEDS DE LONGUEUR.

2

Largeur.	Épaisseur.	PRODUIT de chaque pièce. Pieds.	PRODUIT de chaque pièce. pouces.
10	5	8	4
10	6	10	
10	7	11	8
10	8	13	4
10	9	15	
10	10	16	8
11	5	9	2
11	6	11	
11	7	12	10
11	8	14	8
11	9	16	6
11	10	18	4
11	11	20	2
12	6	12	
12	7	14	
12	8	16	
12	9	18	
12	10	20	
12	11	22	
12	12	24	
13	6	13	
13	7	15	2
13	8	17	4
13	9	19	6
13	10	21	6
13	11	23	10
13	12	26	
13	13	28	2
14	7	16	4
14	8	18	8
14	9	21	
14	10	23	4
14	11	25	8
14	12	28	
14	13	30	4
14	14	32	8
15	7	17	6
15	8	20	
15	9	22	6
15	10	25	
15	11	27	6
15	12	30	
15	13	32	6
15	14	35	
15	15	37	6
16	7	18	8
16	8	21	4
16	9	24	
16	10	26	8
16	11	29	4
16	12	32	
16	13	34	8
16	14	37	4
16	15	40	
16	16	42	8
17	7	19	10
17	8	22	8
17	9	25	6
17	10	28	4
17	11	31	2
17	12	34	
17	13	36	10
17	14	39	8
17	15	42	6
17	16	45	4
17	17	48	2

Table des Pièces.

2 PIEDS DE LONGUEUR.

Largeur.	Épaisseur.	PRODUIT de chaque pièce.	
		Pieds.	pouces.
18	8	24	
18	9	27	
18	10	30	
18	11	33	
18	12	36	
18	13	39	
18	14	42	
18	15	45	
18	16	48	
18	17	51	
18	18	54	
19	8	25	4
19	9	28	6
19	10	31	8
19	11	34	10
19	12	38	
19	13	41	2
19	14	44	4
19	15	47	6
19	16	50	8
19	17	53	10
19	18	57	
19	19	60	2
20	8	26	8
20	9	30	
20	10	33	4
20	11	36	8
20	12	40	
20	13	43	4
20	14	46	8
20	15	50	
20	16	53	4
20	17	56	8
20	18	60	

Largeur.	Épaisseur.	PRODUIT de chaque pièce.	
		Pieds.	pouces.
20	19	63	4
20	20	66	8
21	8	28	
21	9	31	6
21	10	35	
21	11	38	6
21	12	42	
21	13	45	6
21	14	49	
21	15	52	6
21	16	56	
21	17	59	6
21	18	63	
21	19	66	6
21	20	70	
21	21	73	6
22	9	33	
22	10	36	8
22	11	40	4
22	12	44	
22	13	47	8
22	14	51	4
22	15	55	
22	16	58	8
22	17	62	4
22	18	66	
22	19	69	8
22	20	73	4
22	21	77	
22	22	80	8
23	9	34	6
23	10	38	4
23	11	42	2

Table des Pièces.

2 PIEDS DE LONGUEUR.

Largeur.	Epaisseur.	PRODUIT de chaque pièce.	
		Pieds.	pouces.
23	12	46	
23	13	49	10
23	14	53	8
23	15	57	6
23	16	61	4
23	17	65	2
23	18	69	
23	19	72	10
23	20	76	8
23	21	80	6
23	22	84	4
23	23	88	2
24	9	36	
24	10	40	
24	11	44	
24	12	48	
24	13	52	
24	14	56	
24	15	60	
24	16	64	
24	17	68	
24	18	72	
24	19	76	
24	20	80	
24	21	84	
24	22	88	
24	23	92	
24	24	96	
25	10	41	8
25	11	45	10
25	12	50	
25	13	54	2
25	14	58	4
25	15	62	6
25	16	66	8
25	17	70	10
25	18	75	
25	19	79	2
25	20	83	4
25	21	87	6
25	22	91	8
25	23	95	10
25	24	100	
25	25	104	2
26	11	47	8
26	12	52	
26	13	56	4
26	14	60	8
26	15	65	
26	16	69	4
26	17	73	8
26	18	78	
26	19	82	4
26	20	86	8
26	21	91	
26	22	95	4
26	23	99	8
26	24	104	
26	25	108	4
26	26	112	8
27	12	54	
27	13	58	6
27	14	63	
27	15	67	6
27	16	72	
27	17	76	6
27	18	81	
27	19	85	6

Table des Pièces.

2 PIEDS DE LONGUEUR.

Largeur.	Épaisseur.	PRODUIT de chaque pièce.	
		Pieds.	pouces.
27	20	90	
27	21	94	6
27	22	99	
27	23	103	6
27	24	108	
27	25	112	6
27	26	117	
27	27	121	6
28	13	60	8
28	14	65	4
28	15	70	
28	16	74	8
28	17	79	4
28	18	84	
28	19	88	8
28	20	93	4
28	21	98	
28	22	102	8
28	23	107	4
28	24	112	
28	25	116	8
28	26	121	4
28	27	126	
28	28	130	8
29	13	62	10
29	14	67	8
29	15	72	6
29	16	77	4
29	17	82	2
29	18	87	
29	19	91	10
29	20	96	8
29	21	101	6
29	22	106	4
29	23	111	2
29	24	116	
29	25	120	10
29	26	125	8
29	27	130	6
29	28	135	4
29	29	140	2
30	14	70	
30	15	75	
30	16	80	
30	17	85	
30	18	90	
30	19	95	
30	20	100	
30	21	105	
30	22	110	
30	23	115	
30	24	120	
30	25	125	
30	26	130	
30	27	135	
30	28	140	
30	29	145	
30	30	150	
31	15	77	6
31	16	82	8
31	17	87	10
31	18	93	
31	19	98	2
31	20	103	4
31	21	108	6
31	22	113	8
31	23	118	10
31	24	124	

Table des Pièces.

2 PIEDS DE LONGUEUR.

Largeur.	Epaisseur.	PRODUIT de chaque pièce.		Largeur.	Epaisseur.	PRODUIT de chaque pièce.	
		Pieds.	pouces.			Pieds.	pouces.
31	25	129	2				
31	26	134	4				
31	27	139	6				
31	28	144	8				
31	29	149	10				
31	30	155					
31	31	160	2				
32	16	85	4				
32	17	90	8				
32	18	96					
32	19	101	4				
32	20	106	8				
32	21	112					
32	22	117	4				
32	23	122	8				
32	24	128					
32	25	133	4				
32	26	138	8				
32	27	144					
32	28	149	4				
32	29	154	8				
32	30	160					
32	31	165	4				
32	32	170	8				

Table des Pièces.

2 PIEDS 1/2 DE LONGUEUR.

Largeur.	Epaisseur.	PRODUIT de chaque pièce.	
		Pieds.	pouces.
10	5	11	3
10	6	12	6
10	7	14	7
10	8	16	8
10	9	18	9
10	10	20	10
11	6	13	9
11	7	16	
11	8	18	4
11	9	20	7
11	10	22	11
11	11	25	2
12	6	15	
12	7	17	6
12	8	20	
12	9	22	6
12	10	25	
12	11	27	6
12	12	30	
13	6	16	3
13	7	18	11
13	8	21	8
13	9	24	4
13	10	27	1
13	11	29	9
13	12	32	6
13	13	35	2
14	6	17	6
14	7	20	5
14	8	23	4
14	9	26	3
14	10	29	2
14	11	32	1
14	12	35	
14	13	37	11
14	14	40	10
15	6	18	9
15	7	21	10
15	8	25	
15	9	28	1
15	10	31	3
15	11	34	4
15	12	37	6
15	13	40	7
15	14	43	9
15	15	46	10
16	7	23	4
16	8	26	8
16	9	30	
16	10	33	4
16	11	36	8
16	12	40	
16	13	43	4
16	14	46	8
16	15	50	
16	16	53	4
17	7	24	9
17	8	28	4
17	9	31	10
17	10	35	5
17	11	38	11
17	12	42	6
17	13	46	
17	14	49	7
17	15	53	1

Table des Pièces.

2 PIEDS 1/2 DE LONGUEUR.

2 1/2

Largeur.	Epaisseur.	PRODUIT de chaque pièce. Pieds.	pouces.
17	16	56	8
17	17	60	2
18	7	26	3
18	8	30	
18	9	33	9
18	10	37	6
18	11	41	3
18	12	45	
18	13	48	9
18	14	52	6
18	15	56	3
18	16	60	
18	17	63	9
18	18	67	6
19	8	31	8
19	9	35	7
19	10	39	7
19	11	43	6
19	12	47	6
19	13	51	5
19	14	55	5
19	15	59	4
19	16	63	4
19	17	67	3
19	18	71	3
19	19	75	2
20	8	33	4
20	9	37	6
20	10	41	8
20	11	45	10
20	12	50	
20	13	54	2
20	14	58	4

Largeur.	Epaisseur.	PRODUIT de chaque pièce. Pieds.	pouces.
20	15	62	6
20	16	66	8
20	17	70	10
20	18	75	
20	19	79	2
20	20	83	4
21	8	35	
21	9	39	4
21	10	43	9
21	11	48	1
21	12	52	6
21	13	56	10
21	14	61	3
21	15	65	7
21	16	70	
21	17	74	4
21	18	78	9
21	19	83	1
21	20	87	6
21	21	91	10
22	9	41	3
22	10	45	10
22	11	50	5
22	12	55	
22	13	59	7
22	14	64	2
22	15	68	9
22	16	73	4
22	17	77	11
22	18	82	6
22	19	87	1
22	20	91	8
22	21	96	3
22	22	100	10

Table des Pièces.

2 PIEDS 1/2 DE LONGUEUR.

Largeur.	Epaisseur.	PRODUIT de chaque pièce.	
		Pieds.	pouces.
23	9	43	1
23	10	47	11
23	11	52	8
23	12	57	6
23	13	62	3
23	14	67	1
23	15	71	10
23	16	76	8
23	17	81	5
23	18	86	3
23	19	91	
23	20	95	10
23	21	100	7
23	22	105	5
23	23	110	2
24	10	50	
24	11	55	
24	12	60	
24	13	65	
24	14	70	
24	15	75	
24	16	80	
24	17	85	
24	18	90	
24	19	95	
24	20	100	
24	21	105	
24	22	110	
24	23	115	
24	24	120	
25	10	52	1
25	11	57	3
25	12	62	6
25	13	67	8
25	14	72	11
25	15	78	1
25	16	83	4
25	17	88	6
25	18	93	9
25	19	98	11
25	20	104	2
25	21	109	4
25	22	114	7
25	23	119	9
25	24	125	
25	25	130	2
26	10	54	2
26	11	59	7
26	12	65	
26	13	70	5
26	14	75	10
26	15	81	3
26	16	86	7
26	17	92	1
26	18	97	6
26	19	102	11
26	20	108	4
26	21	113	9
26	22	119	2
26	23	124	7
26	24	130	
26	25	135	5
26	26	40	10
27	11	61	10
27	12	67	6
27	13	73	1
27	14	78	9
27	15	84	4

Table des Pièces.

2 PIEDS 1/2 DE LONGUEUR.

Largeur.	Epaisseur.	PRODUIT de chaque pièce.		Largeur.	Epaisseur.	PRODUIT de chaque pièce.	
		Pieds.	pouces.			Pieds.	pouces.
27	16	90		29	16	96	8
27	17	95	7	29	17	102	8
27	18	101	3	29	18	108	9
27	19	106	10	29	19	114	9
27	20	112	6	29	20	120	10
27	21	119	1	29	21	126	10
27	22	123	9	29	22	132	11
27	23	129	4	29	23	138	11
27	24	135		29	24	145	
27	25	140	7	29	25	151	
27	26	146	3	29	26	157	1
27	27	151	10	29	27	163	1
28	11	64	2	29	28	169	2
28	12	70		29	29	175	2
28	13	75	10	30	12	75	
28	14	81	8	30	13	81	3
28	15	87	6	30	14	87	6
28	16	93	4	30	15	93	9
28	17	99	2	30	16	100	
28	18	105		30	17	106	3
28	19	110	10	30	18	112	6
28	20	116	8	30	19	118	9
28	21	122	6	30	20	125	
28	22	128	4	30	21	131	3
28	23	134	2	30	22	137	6
28	24	140		30	23	143	9
28	25	145	10	30	24	150	
28	26	151	8	30	25	156	3
28	27	157	6	30	26	162	6
28	28	163	4	30	27	168	9
29	12	72	6	30	28	175	
29	13	78	6	30	29	181	3
29	14	84	7	30	30	187	6
29	15	90	7	31	12	77	6

Table des Pièces.

2 PIEDS 1/2 DE LONGUEUR.

Largeur.	Epaisseur.	PRODUIT de chaque pièce.		Largeur.	Epaisseur.	PRODUIT de chaque pièce.	
		Pieds.	pouces.			Pieds.	pouces.
31	13	83	11	32	27	180	
31	14	90	5	32	28	186	8
31	15	96	10	32	29	193	4
31	16	103	4	32	30	200	
31	17	109	9	32	31	206	8
31	18	116	3	32	32	213	4
31	19	122	2				
31	20	129	2				
31	21	135	7				
31	22	142	1				
31	23	148	6				
31	24	155					
31	25	161	5				
31	26	167	11				
31	27	174	4				
31	28	180	10				
31	29	187	3				
31	30	193	9				
31	31	200	2				
32	12	80					
32	13	86	8				
32	14	93	4				
32	15	100					
32	16	106	8				
32	17	113	4				
32	18	120					
32	19	126	8				
32	20	133	4				
32	21	140					
32	22	146	8				
32	23	153	4				
32	24	160					
32	25	166	8				
32	26	173	4				

Table des Pièces.

3 PIEDS DE LONGUEUR.

3

Largeur.	Epaisseur.	PRODUIT de chaque pièce.	
		Pieds.	pouces.
11	6	16	6
11	7	19	3
11	8	22	
11	9	24	9
11	10	27	6
11	11	30	3
12	6	18	
12	7	21	
12	8	24	
12	9	27	
12	10	30	
12	11	33	
12	12	36	
13	6	19	6
13	7	22	9
13	8	26	
13	9	29	3
13	10	32	6
13	11	35	9
13	12	39	
13	13	42	3
14	6	21	
14	7	24	6
14	8	28	
14	9	31	6
14	10	35	
14	11	38	6
14	12	42	
14	13	45	6
14	14	49	
15	7	26	3
15	8	30	
15	9	33	9

Largeur.	Epaisseur.	PRODUIT de chaque pièce.	
		Pieds.	pouces.
15	10	37	6
15	11	41	3
15	12	45	
15	13	48	9
15	14	52	6
15	15	56	3
16	7	28	
16	8	32	
16	9	36	
16	10	40	
16	11	44	
16	12	48	
16	13	52	
16	14	56	
16	15	60	
16	16	64	
17	7	29	9
17	8	34	
17	9	38	3
17	10	42	6
17	11	46	9
17	12	51	
17	13	55	3
17	14	59	6
17	15	63	9
17	16	69	
17	17	72	3
18	7	31	6
18	8	36	
18	9	40	6
18	10	45	
18	11	49	6
18	12	54	

Table des Pièces.

3 PIEDS DE LONGUEUR.

Largeur.	Épaisseur.	PRODUIT de chaque pièce.	
		Pieds.	pouces.
18	13	58	6
18	14	63	
18	15	67	6
18	16	72	
18	17	76	6
18	18	81	
19	8	36	
19	9	42	9
19	10	47	6
19	11	52	3
19	12	57	
19	13	61	9
19	14	66	6
19	15	71	3
19	16	76	
19	17	80	9
19	18	85	6
19	19	90	3
20	8	40	
20	9	45	
20	10	50	
20	11	55	
20	12	60	
20	13	65	
20	14	70	
20	15	75	
20	16	80	
20	17	85	
20	18	90	
20	19	95	
20	20	100	
21	8	42	
21	9	47	3
21	10	52	6
21	11	57	9
21	12	63	
21	13	68	3
21	14	73	6
21	15	78	9
21	16	84	
21	17	89	3
21	18	94	6
21	19	99	9
21	20	105	
21	21	110	3
22	8	44	
22	9	49	6
22	10	55	
22	11	60	6
22	12	66	
22	13	71	6
22	14	77	
22	15	82	6
22	16	88	
22	17	93	6
22	18	99	
22	19	104	6
22	20	110	
22	21	115	6
22	22	121	
23	9	51	9
23	10	57	6
23	11	63	3
23	12	69	
23	13	74	9
23	14	80	6
23	15	86	3

Table des Pièces.

3 PIEDS DE LONGUEUR.

Largeur.	Epaisseur.	PRODUIT de chaque pièce.	
		Pieds.	pouces.
23	16	92	
23	17	97	9
23	18	103	6
23	19	109	3
23	20	115	
23	21	120	9
23	22	126	6
23	23	132	3
24	9	54	
24	10	60	
24	11	66	
24	12	72	
24	13	78	
24	14	84	
24	15	90	
24	16	96	
24	17	102	
24	18	108	
24	19	114	
24	20	120	
24	21	126	
24	22	132	
24	23	138	
24	24	144	
25	10	62	6
25	11	68	9
25	12	75	
25	13	81	3
25	14	87	6
25	15	93	9
25	16	100	
25	17	106	3
25	18	112	6
25	19	118	9
25	20	125	
25	21	131	3
25	22	137	6
25	23	143	9
25	24	150	
25	25	156	3
26	10	65	
26	11	71	6
26	12	78	
26	13	84	6
26	14	91	
26	15	97	6
26	16	104	
26	17	110	6
26	18	117	
26	19	123	6
26	20	130	
26	21	136	6
26	22	143	
26	23	149	6
26	24	156	
26	25	162	6
26	26	169	
27	11	74	3
27	12	81	
27	13	87	3
27	14	94	6
27	15	101	3
27	16	108	
27	17	114	9
27	18	121	6
27	19	128	3
27	20	135	
27	21	141	9

Table des Pièces.

3 PIEDS DE LONGUEUR.

Largeur.	Epaisseur.	PRODUIT de chaque pièce.	
		Pieds.	pouces.
27	22	148	6
27	23	155	3
27	24	162	
27	25	168	9
27	26	175	6
27	27	182	3
28	11	77	
28	12	84	
28	13	91	
28	14	98	
28	15	105	
28	16	112	
28	17	119	
28	18	126	
28	19	133	
28	20	140	
28	21	147	
28	22	154	
28	23	161	
28	24	168	
28	25	175	
28	26	182	
28	27	189	
28	28	196	
29	12	87	
29	13	94	3
29	14	101	6
29	15	108	9
29	16	116	
29	17	123	3
29	18	130	6
29	19	137	9
29	20	145	
29	21	152	3
29	22	159	6
29	23	166	9
29	24	174	
29	25	181	3
29	26	188	6
29	27	195	9
29	28	203	
29	29	210	3
30	12	90	
30	13	97	6
30	14	105	
30	15	112	6
30	16	120	
30	17	127	6
30	18	135	
30	19	142	6
30	20	150	
30	21	157	6
30	22	165	
30	23	172	6
30	24	180	
30	25	187	6
30	26	195	
30	27	202	6
30	28	210	-
30	29	217	6
30	30	225	
31	13	100	9
31	14	108	6
31	15	116	3
31	16	124	
31	17	131	9
31	18	139	6
31	19	147	3

Table des Pièces.

3 PIEDS DE LONGUEUR.

Largeur.	Epaisseur.	PRODUIT de chaque pièce.	
		Pieds.	pouces.
31	20	155	
31	21	162	9
31	22	170	6
31	23	178	3
31	24	186	
31	25	193	9
31	26	201	6
31	27	209	3
31	28	217	
31	29	224	9
31	30	232	6
31	31	240	3
32	14	112	
32	15	120	
32	16	128	
32	17	136	
32	18	144	
32	19	152	
32	20	160	
32	21	168	
32	22	176	
32	23	184	
32	24	192	
32	25	200	
32	26	208	
32	27	216	
32	28	224	
32	29	232	
32	30	240	
32	31	248	
32	32	256	
33	15	123	9
33	16	132	
33	17	140	3
33	18	148	6
33	19	156	9
33	20	165	
33	21	173	3
33	22	181	6
33	23	189	9
33	24	198	
33	25	206	3
33	26	214	6
33	27	222	9
33	28	231	
33	29	230	3
33	30	247	6
33	31	255	9
33	32	264	
33	33	272	3
34	16	136	
34	17	144	6
34	18	153	
34	19	161	6
34	20	170	
34	21	178	6
34	22	187	
34	23	195	6
34	24	204	
34	25	212	6
34	26	221	
34	27	229	6
34	28	238	
34	29	246	6
34	30	255	
34	31	263	6
34	32	272	
34	33	280	6
34	34	289	

Table des Pièces.

3 PIEDS 1/2 DE LONGUEUR.

Largeur.	Epaisseur.	PRODUIT de chaque pièce. Pieds.	pouces.
11	6	19	3
11	7	22	5
11	8	25	8
11	9	28	10
11	10	32	1
11	11	35	3
12	6	21	
12	7	24	6
12	8	28	
12	9	31	6
12	10	35	
12	11	38	6
12	12	42	
13	6	22	9
13	7	26	6
13	8	30	4
13	9	34	1
13	10	37	11
13	11	41	8
13	12	45	6
13	13	49	3
14	6	24	6
14	7	28	7
14	8	32	8
14	9	36	9
14	10	40	10
14	11	44	11
14	12	49	
14	13	53	1
14	14	57	2
15	6	26	3
15	7	30	7
15	8	35	
15	9	39	4
15	10	43	9
15	11	48	1
15	12	52	6
15	13	56	10
15	14	61	3
15	15	65	7
16	7	32	8
16	8	37	4
16	9	42	
16	10	46	8
16	11	51	4
16	12	56	
16	13	60	8
16	14	65	4
16	15	70	
16	16	74	8
17	7	34	8
17	8	39	8
17	9	44	7
17	10	49	7
17	11	54	6
17	12	59	6
17	13	64	5
17	14	69	5
17	15	74	4
17	16	79	4
17	17	84	3
18	7	36	9
18	8	42	
18	9	47	3
18	10	52	6
18	11	57	9

Table des Pièces.

3 PIEDS 1/2 DE LONGUEUR.

Largeur.	Épaisseur.	PRODUIT de chaque pièce.	
		Pieds.	pouces.
18	12	63	
18	13	68	3
18	14	73	6
18	15	78	9
18	16	84	
18	17	89	3
18	18	94	6
19	7	38	9
19	8	44	4
19	9	49	10
19	10	55	5
19	11	60	11
19	12	66	6
19	13	72	
19	14	77	7
19	15	83	1
19	16	88	8
19	17	94	2
19	18	99	9
19	19	105	3
20	8	46	8
20	9	52	6
20	10	58	4
20	11	64	2
20	12	70	
20	13	75	10
20	14	81	8
20	15	87	6
20	16	93	4
20	17	99	2
20	18	105	
20	19	110	10
20	20	116	8

Largeur.	Épaisseur.	PRODUIT de chaque pièce.	
		Pieds.	pouces.
21	8	49	
21	9	55	1
21	10	61	3
21	11	67	4
21	12	73	6
21	13	79	7
21	14	85	8
21	15	91	10
21	16	98	
21	17	104	1
21	18	110	3
21	19	116	4
21	20	122	6
21	21	128	7
22	8	51	4
22	9	57	9
22	10	64	2
22	11	70	7
22	12	77	
22	13	83	5
22	14	89	10
22	15	96	3
22	16	102	8
22	17	109	1
22	18	115	6
22	19	121	11
22	20	128	4
22	21	134	9
22	22	141	2
23	8	53	8
23	9	60	4
23	10	67	1
23	11	73	9
23	12	80	6

Table des Pièces.

3 PIEDS 1/2 DE LONGUEUR.

Largeur.	Epaisseur.	PRODUIT de chaque pièce.	
		Pieds.	pouces.
23	13	87	2
23	14	93	11
23	15	100	7
23	16	107	4
23	17	114	
23	18	120	9
23	19	127	5
23	20	134	2
23	21	140	10
23	22	147	6
23	23	154	3
24	9	63	
24	10	70	
24	11	77	
24	12	84	
24	13	91	
24	14	98	
24	15	105	
24	16	112	
24	17	119	
24	18	126	
24	19	133	
24	20	140	
24	21	147	
24	22	154	
24	23	161	
24	24	168	
25	9	65	7
25	10	72	11
25	11	80	2
25	12	87	6
25	13	94	9
25	14	102	1
25	15	109	4
25	16	116	8
25	17	123	11
25	18	131	3
25	19	138	6
25	20	145	9
25	21	153	1
25	22	160	5
25	23	167	8
25	24	175	
25	25	182	3
26	10	75	10
26	11	83	5
26	12	91	
26	13	98	7
26	14	106	2
26	15	113	3
26	16	121	4
26	17	128	11
26	18	136	6
26	19	144	1
26	20	151	8
26	21	159	3
26	22	166	10
26	23	174	5
26	24	182	
26	25	189	7
26	26	197	2
27	10	78	9
27	11	86	7
27	12	94	6
27	13	102	4
27	14	110	3
27	15	118	1
27	16	126	

Table des Pièces.

3 PIEDS 1/2 DE LONGUEUR.

Largeur.	Epaisseur.	PRODUIT de chaque pièce. Pieds.	pouces.
27	17	133	10
27	18	141	9
27	19	149	7
27	20	157	6
27	21	165	4
27	22	173	3
27	23	181	1
27	24	189	
27	25	196	10
27	26	204	9
27	27	212	7
28	11	89	10
28	12	98	
28	13	106	2
28	14	114	4
28	15	122	6
28	16	130	8
28	17	138	10
28	18	147	
28	19	155	2
28	20	163	4
28	21	171	6
28	22	179	8
28	23	187	10
28	24	196	
28	25	204	2
28	26	212	4
28	27	220	6
28	28	228	8
29	11	93	
29	12	101	6
29	13	109	11
29	14	118	5
29	15	126	10
29	16	135	4
29	17	143	9
29	18	152	3
29	19	160	8
29	20	169	2
29	21	177	7
29	22	186	1
29	23	194	6
29	24	203	
29	25	211	5
29	26	219	11
29	27	228	4
29	28	236	9
29	29	245	3
30	12	105	
30	13	113	9
30	14	122	6
30	15	131	3
30	16	140	
30	17	148	9
30	18	157	6
30	19	166	3
30	20	175	
30	21	183	9
30	22	192	6
30	23	201	3
30	24	210	
30	25	218	9
30	26	227	6
30	27	231	3
30	28	245	
30	29	253	9
30	30	262	6
31	12	108	6

Table des Pièces.

3 PIEDS 1/2 DE LONGUEUR.

Largeur.	Epaisseur.	PRODUIT de chaque pièce.		Largeur.	Epaisseur.	PRODUIT de chaque pièce.	
		Pieds.	pouces.			Pieds.	pouces.
31	13	117	6	32	27	252	
31	14	126	7	32	28	261	4
31	15	135	7	32	29	270	8
31	16	144	8	32	30	280	
31	17	153	8	32	31	289	4
31	18	162	9	32	32	298	8
31	19	171	9	33	13	125	1
31	20	180	10	33	14	134	9
31	21	189	10	33	15	144	4
31	22	198	11	33	16	154	
31	23	207	11	33	17	163	7
31	24	217		33	18	173	3
31	25	226		33	19	182	10
31	26	235	1	33	20	192	6
31	27	244	1	33	21	208	1
31	28	253	2	33	22	211	9
31	29	262	2	33	23	221	4
31	30	271	3	33	24	231	
31	31	280	3	33	25	240	7
32	12	112		33	26	250	3
32	13	121	4	33	27	259	10
32	14	130	8	33	28	269	6
32	15	140		33	29	279	1
32	16	149	4	33	30	288	9
32	17	158	8	33	31	298	4
32	18	168		33	32	308	
32	19	177	4	33	33	317	7
32	20	186	8	34	14	138	10
32	21	196		34	15	148	9
32	22	205	4	34	16	158	8
32	23	214	8	34	17	168	7
32	24	224		34	18	178	6
32	25	233	4	34	19	188	5
32	26	242	8	34	20	198	4

Table des Pièces.

3 PIEDS 1/2 DE LONGUEUR.

Largeur.	Epaisseur.	PRODUIT de chaque pièce.	
		Pieds.	pouces.
34	21	208	3
34	22	218	2
34	23	228	1
34	24	238	
34	25	247	11
34	26	257	10
34	27	267	9
34	28	277	8
34	29	287	7
34	30	297	6
34	31	307	5
34	32	317	4
34	33	327	3
34	34	337	2
35	14	142	11
35	15	153	1
35	16	163	4
35	17	173	6
35	18	183	9
35	19	193	11
35	20	204	2
35	21	214	4
35	22	224	7
35	23	234	9
35	24	245	
35	25	255	2
35	26	265	5
35	27	275	7
35	28	285	9
35	29	296	
35	30	306	3
35	31	316	5
35	32	326	8
35	33	336	10
35	34	347	1
35	35	357	3
36	15	157	6
36	16	168	
36	17	178	6
36	18	189	
36	19	199	6
36	20	210	
36	21	220	6
36	22	231	
36	23	241	6
36	24	252	
36	25	262	6
36	26	273	
36	27	283	6
36	28	294	
36	29	304	6
36	30	315	
36	31	324	6
36	32	336	
36	33	346	6
36	34	357	
36	35	367	6
36	36	378	

Table des Pièces.

4 PIEDS DE LONGUEUR.

Largeur.	Epaisseur.	PRODUIT de chaque pièce.	
		Pieds.	pouces.
12	6	24	
12	7	28	
12	8	32	
12	9	36	
12	10	40	
12	11	44	
12	12	48	
13	6	26	
13	7	30	4
13	8	34	8
13	9	39	
13	10	43	
13	11	47	8
13	12	52	
13	13	56	4
14	6	28	
14	7	32	8
14	8	37	4
14	9	42	
14	10	46	8
14	11	51	4
14	12	56	
14	13	60	8
14	14	65	4
15	8	40	
15	9	45	
15	10	50	
15	11	55	
15	12	60	
15	13	65	
15	14	70	
15	15	75	
16	8	42	8
16	9	48	
16	10	53	4
16	11	58	8
16	12	64	
16	13	69	4
16	14	74	8
16	15	80	
16	16	85	4
17	8	45	4
17	9	51	
17	10	56	8
17	11	62	4
17	12	68	
17	13	73	8
17	14	79	4
17	15	85	
17	16	90	8
17	17	96	4
18	8	48	
18	9	54	
18	10	60	
18	11	66	
18	12	72	
18	13	78	
18	14	84	
18	15	90	
18	16	96	
18	17	102	
18	18	108	
19	8	50	8
19	9	57	
19	10	63	4
19	11	69	8

Table des Pièces.

4 PIEDS DE LONGUEUR.

4

Largeur.	Epaisseur.	PRODUIT de chaque pièce. Pieds.	pouces.	Largeur.	Epaisseur.	PRODUIT de chaque pièce. Pieds.	pouces.
19	12	76		21	21	147	
19	13	82	4	22	8	58	8
19	14	88	8	22	9	66	
19	15	95		22	10	73	4
19	16	101	4	22	11	80	8
19	17	107	8	22	12	88	
19	18	114		22	13	95	4
19	19	120	4	22	14	102	8
20	8	53	4	22	15	110	
20	9	60		22	16	117	4
20	10	66	8	22	17	124	8
20	11	73	4	22	18	132	
20	12	80		22	19	139	4
20	13	86	8	22	20	146	8
20	14	93	4	22	21	154	
20	15	100		22	22	161	4
20	16	106	8	23	8	61	4
20	17	113	4	23	9	69	
20	18	120		23	10	76	8
20	19	126	8	23	11	84	4
20	20	133	4	23	12	92	
21	8	56		23	13	99	8
21	9	63		23	14	107	4
21	10	70		23	15	115	
21	11	77		23	16	122	8
21	12	84		23	17	130	4
21	13	91		23	18	138	
21	14	98		23	19	145	8
21	15	105		23	20	153	4
21	16	112		23	21	161	
21	17	119		23	22	168	8
21	18	126		23	23	176	4
21	19	133		24	8	64	
21	20	140					

Table des Pièces.

4 PIEDS DE LONGUEUR.

Largeur.	Epaisseur.	PRODUIT de chaque pièce.	
		Pieds.	pouces.
24	9	72	
24	10	80	
24	11	88	
24	12	96	
24	13	104	
24	14	112	
24	15	120	
24	16	128	
24	17	136	
24	18	144	
24	19	152	
24	20	160	
24	21	168	
24	22	176	
24	23	184	
24	24	192	
25	10	83	4
25	11	91	8
25	12	100	
25	13	108	4
25	14	116	8
25	15	125	
25	16	133	4
25	17	141	8
25	18	150	
25	19	158	4
25	20	166	8
25	21	175	
25	22	183	4
25	23	191	8
25	24	200	
25	25	208	4
26	10	86	8
26	11	95	4
26	12	104	
26	13	112	8
26	14	121	4
26	15	130	
26	16	138	8
26	17	147	4
26	18	156	
26	19	164	8
26	20	173	4
26	21	182	
26	22	190	8
26	23	199	4
26	24	208	
26	25	216	8
26	26	225	4
27	10	90	
27	11	99	
27	12	108	
27	13	117	
27	14	126	
27	15	135	
27	16	144	
27	17	153	
27	18	162	
27	19	171	
27	20	180	
27	21	189	
27	22	198	
27	23	207	
27	24	216	
27	25	225	
27	26	234	
27	27	243	
28	10	93	4

Table des Pièces.

4 PIEDS DE LONGUEUR.

Largeur.	Epaisseur.	PRODUIT de chaque pièce.	
		Pieds.	pouces.
28	11	102	8
28	12	112	
28	13	121	4
28	14	130	8
28	15	140	
28	16	149	4
28	17	158	8
28	18	168	
28	19	177	4
28	20	186	8
28	21	196	
28	22	205	4
28	23	214	8
28	24	224	
28	25	233	4
28	26	242	8
28	27	252	
28	28	261	4
29	10	96	8
29	11	106	5
29	12	116	
29	13	125	8
29	14	135	4
29	15	145	
29	16	154	8
29	17	164	4
29	18	174	
29	19	183	8
29	20	193	4
29	21	203	
29	22	212	8
29	23	222	4
29	24	232	
29	25	241	8
29	26	251	4
29	27	261	
29	28	270	8
29	29	280	4
30	10	100	
30	11	110	
30	12	120	
30	13	130	
30	14	140	
30	15	150	
30	16	160	
30	17	170	
30	18	180	
30	19	190	
30	20	200	
30	21	210	
30	22	220	
30	23	230	
30	24	240	
30	25	250	
30	26	260	
30	27	270	
30	28	280	
30	29	290	
30	30	300	

Table des Pièces.

4 PIEDS 1/2 DE LONGUEUR.

Largeur.	Epaisseur.	PRODUIT de chaque pièce.		Largeur.	Epaisseur.	PRODUIT de chaque pièce.	
		Pieds.	pouces.			Pieds.	pouces.
12	6	27		15	15	84	4
12	7	31	6	16	8	48	
12	8	36		16	9	54	
12	9	40	6	16	10	60	
12	10	45		16	11	66	
12	11	49	6	16	12	72	
12	12	54		16	13	78	
13	6	29	3	16	14	84	
13	7	34	1	16	15	90	
13	8	39		16	16	96	
13	9	43	10	17	8	51	
13	10	48	8	17	9	57	4
13	11	53	7	17	10	63	9
13	12	58	6	17	11	70	1
13	13	63	4	17	12	76	6
14	6	31	6	17	13	82	10
14	7	36	9	17	14	89	3
14	8	42		17	15	95	7
14	9	47	3	17	16	102	
14	10	52	6	17	17	108	4
14	11	57	9	18	8	54	
14	12	63		18	9	60	9
14	13	68	3	18	10	67	6
14	14	73	6	18	11	74	3
15	6	33	9	18	12	81	
15	7	39	4	18	13	87	9
15	8	45		18	14	94	6
15	9	50	7	18	15	101	3
15	10	56	3	18	16	108	
15	11	61	11	18	17	114	9
15	12	67	6	18	18	121	6
15	13	73	2	19	8	57	
15	14	78	9	19	9	64	1

Table des Pièces.

4 PIEDS 1/2 DE LONGUEUR.

4 ½

Largeur.	Epaisseur.	PRODUIT de chaque pièce.		Largeur.	Epaisseur.	PRODUIT de chaque pièce.	
		Pieds.	pouces.			Pieds.	pouces.
19	10	71	3	21	19	149	7
19	11	78	4	21	20	157	6
19	12	85	6	21	21	165	4
19	13	92	7	22	8	66	
19	14	99	9	22	9	74	3
19	15	106	10	22	10	82	6
19	16	114		22	11	90	9
19	17	121	1	22	12	99	
19	18	128	3	22	13	107	3
19	19	135	4	22	14	115	6
20	8	60		22	15	123	9
20	9	67	6	22	16	132	
20	10	75		22	17	140	3
20	11	82	6	22	18	148	6
20	12	90		22	19	156	9
20	13	97	6	22	20	165	
20	14	105		22	21	173	3
20	15	112	6	22	22	181	6
20	16	120		23	8	69	
20	17	127	6	23	9	77	7
20	18	135		23	10	86	3
20	19	142	6	23	11	94	10
20	20	150		23	12	103	6
21	8	63		23	13	112	1
21	9	70	10	23	14	120	9
21	10	78	9	23	15	129	4
21	11	86	7	23	16	138	
21	12	94	6	23	17	146	7
21	13	102	4	23	18	155	3
21	14	110	3	23	19	163	10
21	15	118	1	23	20	172	6
21	16	126		23	21	181	1
21	17	133	10	23	22	189	9
21	18	141	9	23	23	198	4

Table des Pièces.

4 PIEDS 1/2 DE LONGUEUR.

Largeur.	Epaisseur.	PRODUIT de chaque pièce.		Largeur.	Epaisseur.	PRODUIT de chaque pièce.	
		Pieds.	pouces.			Pieds.	pouces.
24	10	90		26	13	126	9
24	11	99		26	14	136	6
24	12	108		26	15	146	3
24	13	117		26	16	156	
24	14	126		26	17	165	9
24	15	135		26	18	175	6
24	16	144		26	19	185	3
24	17	153		26	20	195	
24	18	162		26	21	204	9
24	19	171		26	22	214	6
24	20	180		26	23	224	3
24	21	189		26	24	234	
24	22	198		26	25	243	9
24	23	207		26	26	253	6
24	24	216		27	10	101	3
25	10	93	9	27	11	111	4
25	11	103	1	27	12	121	6
25	12	112	6	27	13	131	7
25	13	121	10	27	14	141	9
25	14	131	3	27	15	151	10
25	15	140	7	27	16	162	
25	16	150		27	17	172	1
25	17	159	4	27	18	182	3
25	18	168	9	27	19	192	4
25	19	178	1	27	20	202	6
25	20	187	6	27	21	212	7
25	21	196	10	27	22	222	9
25	22	206	3	27	23	232	10
25	23	215	7	27	24	243	
25	24	225		27	25	253	1
25	25	234	4	27	26	263	3
26	10	97	6	27	27	273	4
26	11	107	3	28	10	105	
26	12	117		28	11	115	6

Table des Pièces.

4 PIEDS 1/2 DE LONGUEUR.

Largeur.	Epaisseur.	PRODUIT de chaque pièce.		Largeur.	Epaisseur.	PRODUIT de chaque pièce.	
		Pieds.	pouces.			Pieds.	pouces.
28	12	126		29	27	293	7
28	13	136	6	29	28	304	6
28	14	147		29	29	315	4
28	15	157	6	30	10	112	6
28	16	168		30	11	123	9
28	17	178	6	30	12	135	
28	18	189		30	13	146	3
28	19	199	6	30	14	157	6
28	20	210		30	15	168	9
28	21	220	6	30	16	180	
28	22	231		30	17	191	3
28	23	241	6	30	28	202	6
28	24	252		30	19	213	9
28	25	262	6	30	20	225	
28	26	273		30	21	236	3
28	27	283	6	30	22	247	6
28	28	294		30	23	258	9
29	10	108	9	30	24	270	
29	11	119	7	30	25	281	3
29	12	130	4	30	26	292	6
29	13	141	2	30	27	303	9
29	14	151	11	30	28	315	
29	15	162	9	30	29	326	3
29	16	174		30	30	337	6
29	17	184	10	31	10	116	3
29	18	195	9	31	11	127	11
29	19	206	7	31	12	139	6
29	20	217	6	31	13	151	2
29	21	228	4	31	14	162	9
29	22	239	3	31	15	174	4
29	23	250	1	31	16	186	
29	24	261		31	17	197	7
29	25	271	10	31	18	209	3
29	26	282	9	31	19	220	10

Table des Pièces.

4 PIEDS 1/2 DE LONGUEUR.

Largeur.	Épaisseur.	PRODUIT de chaque pièce.		Largeur.	Épaisseur.	PRODUIT de chaque pièce.	
		Pieds.	pouces.			Pieds.	pouces.
31	20	232	6	32	32	384	
31	21	244	1				
31	22	255	9				
31	23	267	4				
31	24	279					
31	25	290	7				
31	26	302	3				
31	27	313	10				
31	28	325	6				
31	29	337	1				
31	30	348	9				
31	31	360	4				
32	10	120					
32	11	132					
32	12	144					
32	13	156					
32	14	168					
32	15	180					
32	16	192					
32	17	204					
32	18	216					
32	19	228					
32	20	240					
32	21	252					
32	22	264					
32	23	276					
32	24	288					
32	25	300					
32	26	312					
32	27	324					
32	28	336					
32	29	348					
32	30	360					
32	31	372					

Table des Pièces.

5 PIEDS DE LONGUEUR.

Largeur.	Épaisseur.	PRODUIT de chaque pièce. Pieds.	pouces.
12	6	30	
12	7	35	
12	8	40	
12	9	45	
12	10	50	
12	11	55	
12	12	60	
13	6	32	6
13	7	37	11
13	8	43	4
13	9	48	9
13	10	54	2
13	11	59	7
13	12	65	
13	13	70	5
14	6	35	
14	7	40	10
14	8	46	8
14	9	52	6
14	10	58	4
14	11	64	2
14	12	70	
14	13	75	10
14	14	81	8
15	6	37	6
15	7	43	9
15	8	50	
15	9	56	3
15	10	62	6
15	11	68	9
15	12	75	
15	13	81	3
15	14	87	6
15	15	93	9
16	6	40	
16	7	46	8
16	8	53	4
16	9	60	
16	10	66	8
16	11	73	4
16	12	80	
16	13	86	8
16	14	93	4
16	15	100	
16	16	106	8
17	8	56	8
17	9	63	9
17	10	70	10
17	11	77	11
17	12	85	
17	13	92	1
17	14	99	2
17	15	106	3
17	16	113	4
17	17	120	5
18	8	60	
18	9	67	6
18	10	75	
18	11	82	6
18	12	90	
18	13	97	6
18	14	105	
18	15	112	6
18	16	120	
18	17	127	6
18	18	135	

5

Table des Pièces.

5 PIEDS DE LONGUEUR.

Largeur.	Epaisseur.	PRODUIT de chaque pièce.	
		Pieds.	pouces
19	8	63	4
19	9	71	3
19	10	79	2
19	11	87	1
19	12	95	
19	13	102	11
19	14	110	10
19	15	118	9
19	16	126	8
19	17	134	7
19	18	142	6
19	19	150	5
20	8	66	8
20	9	75	
20	10	83	4
20	11	91	8
20	12	100	
20	13	108	4
20	14	116	8
20	15	125	
20	16	133	4
20	17	141	8
20	18	150	
20	19	158	4
20	20	166	8
21	8	70	
21	9	78	9
21	10	87	6
21	11	96	3
21	12	105	
21	13	113	9
21	14	122	6
21	15	131	3
21	16	140	
21	17	148	9
21	18	157	6
21	19	166	3
21	20	175	
21	21	183	9
22	10	91	8
22	11	100	10
22	12	110	
22	13	119	2
22	14	128	4
22	15	137	6
22	16	146	8
22	17	155	10
22	18	165	
22	19	174	2
22	20	183	4
22	21	192	6
22	22	201	8
23	10	95	10
23	11	105	5
23	12	115	
23	13	124	7
23	14	134	2
23	15	143	9
23	16	153	4
23	17	162	11
23	18	172	6
23	19	182	1
23	20	191	8
23	21	201	3
23	22	210	10
23	23	220	5
24	10	100	

Table des Pièces.

5 PIEDS DE LONGUEUR.

Largeur.	Epaisseur.	PRODUIT de chaque pièce.	
		Pieds.	pouces.
24	11	110	
24	12	120	
24	13	130	
24	14	140	
24	15	150	
24	16	160	
24	17	170	
24	18	180	
24	19	190	
24	20	200	
24	21	210	
24	22	220	
24	23	230	
24	24	240	
25	10	104	2
25	11	114	7
25	12	125	
25	13	135	5
25	14	145	10
25	15	156	3
25	16	166	8
25	17	177	1
25	18	187	6
25	19	197	11
25	20	208	4
25	21	218	9
25	22	229	2
25	23	239	7
25	24	250	
25	25	260	5
26	10	108	4
26	11	119	2
26	12	130	
26	13	140	10
26	14	151	8
26	15	162	6
26	16	173	4
26	17	184	2
26	18	195	
26	19	205	10
26	20	216	8
26	21	227	6
26	22	238	4
26	23	249	2
26	24	260	
26	25	270	10
26	26	281	8
27	10	112	6
27	11	123	9
27	12	135	
27	13	146	3
27	14	157	6
27	15	168	9
27	16	180	
27	17	191	3
27	18	202	6
27	19	213	9
27	20	225	
27	21	236	3
27	22	247	6
27	23	258	9
27	24	270	
27	25	281	3
27	26	292	6
27	27	303	9
28	10	116	8
28	11	128	4
28	12	140	

Table des Pièces.

5 PIEDS DE LONGUEUR.

Largeur.	Epaisseur.	PRODUIT de chaque pièce.	
		Pieds.	pouces.
28	13	151	8
28	14	163	4
28	15	175	
28	16	186	8
28	17	198	4
28	18	210	
28	19	221	8
28	20	233	4
28	21	245	
28	22	256	8
28	23	268	4
28	24	280	
28	25	291	8
28	26	303	4
28	27	315	
28	28	326	8
29	10	120	10
29	11	132	11
29	12	145	
29	13	157	1
29	14	169	2
29	15	181	3
29	16	193	5
29	17	205	5
29	18	217	6
29	19	229	7
29	20	241	8
29	21	253	9
29	22	265	10
29	23	277	11
29	24	290	
29	25	302	1
29	26	314	2
29	27	326	3
29	28	338	4
29	29	250	5
30	10	125	
30	11	137	6
30	12	150	
30	13	162	6
30	14	175	
30	15	187	6
30	16	200	
30	17	212	6
30	18	225	
30	19	237	6
30	20	250	
30	21	262	6
30	22	275	
30	23	287	6
30	24	300	
30	25	312	6
30	26	325	
30	27	337	6
30	28	350	
30	29	362	6
30	30	375	
31	10	129	2
31	11	142	1
31	12	155	
31	13	167	11
31	14	180	10
31	15	193	9
31	16	206	8
31	17	219	7
31	18	232	6
31	19	245	5
31	20	258	4

Table des Pièces.

5 PIEDS DE LONGUEUR.

Largeur.	Epaisseur.	PRODUIT de chaque pièce.		Largeur.	Epaisseur.	PRODUIT de chaque pièce.	
		Pieds.	pouces.			Pieds.	pouces.
31	21	271	3				
31	22	284	2				
31	23	297	1				
31	24	310					
31	25	322	11				
31	26	335	10				
31	27	348	9				
31	28	361	8				
31	29	374	7				
31	30	387	6				
31	31	400	5				
32	10	133	4				
32	11	146	8				
32	12	160					
32	13	173	4				
32	14	186	8				
32	15	200					
32	16	213	4				
32	17	226	8				
32	18	240					
32	19	253	4				
32	20	266	8				
32	21	280					
32	22	293	4				
32	23	306	8				
32	24	320					
32	25	333	4				
32	26	346	8				
32	27	360					
32	28	373	4				
32	29	386	8				
32	30	400					
32	31	413	4				
32	32	426	8				

Table des Pièces.

5 PIEDS 1/2 DE LONGUEUR.

Largeur.	Epaisseur.	PRODUIT de chaque pièce. Pieds.	pouces.
12	6	33	
12	7	38	6
12	8	44	
12	9	49	6
12	10	55	
12	11	60	6
12	12	66	
13	6	35	9
13	7	41	8
13	8	47	8
13	9	53	7
13	10	59	7
13	11	65	6
13	12	71	6
13	13	77	5
14	6	38	6
14	7	44	11
14	8	51	4
14	9	57	9
14	10	64	2
14	11	70	7
14	12	77	
14	13	83	5
14	14	89	10
15	6	41	3
15	7	48	1
15	8	55	
15	9	61	10
15	10	68	9
15	11	75	7
15	12	82	6
15	13	89	4
15	14	96	3

Largeur.	Epaisseur.	PRODUIT de chaque pièce. Pieds.	pouces.
15	15	103	1
16	6	44	
16	7	51	4
16	8	58	8
16	9	66	
16	10	73	4
16	11	80	8
16	12	88	
16	13	95	4
16	14	102	8
16	15	110	
16	16	117	4
17	6	46	9
17	7	54	6
17	8	62	4
17	9	70	1
17	10	77	11
17	11	85	8
17	12	93	6
17	13	101	3
17	14	109	1
17	15	116	11
17	16	124	8
17	17	132	6
18	8	66	
18	9	74	3
18	10	82	6
18	11	90	9
18	12	99	
18	13	107	3
18	14	115	6
18	15	123	9
18	16	132	

Table des Pièces.

5 PIEDS 1/2 DE LONGUEUR.

Largeur.	Epaisseur.	PRODUIT de chaque pièce. Pieds.	pouces.
18	17	140	3
18	18	148	6
19	8	69	8
19	9	78	4
19	10	87	1
19	11	95	9
19	12	104	6
19	13	113	2
19	14	121	11
19	15	130	8
19	16	139	4
19	17	148	1
19	18	156	9
19	19	165	6
20	8	73	4
20	9	82	6
20	10	91	8
20	11	100	10
20	12	110	
20	13	119	2
20	14	128	4
20	15	137	6
20	16	146	8
20	17	155	10
20	18	165	
20	19	174	2
20	20	183	4
21	8	77	
21	9	86	7
21	10	96	3
21	11	105	10
21	12	115	6
21	13	125	1

Largeur.	Epaisseur.	PRODUIT de chaque pièce. Pieds.	pouces.
21	14	134	9
21	15	144	4
21	16	154	
21	17	163	7
21	18	173	3
21	19	182	10
21	20	192	6
21	21	202	1
22	8	80	8
22	9	90	9
22	10	100	10
22	11	110	11
22	12	121	
22	13	131	1
22	14	141	2
22	15	151	3
22	16	161	4
22	17	171	5
22	18	181	6
22	19	191	7
22	20	201	8
22	21	211	9
22	22	221	10
23	8	84	4
23	9	94	10
23	10	105	5
23	11	115	11
23	12	126	6
23	13	137	
23	14	147	6
23	15	158	1
23	16	168	7
23	17	179	2
23	18	189	9

Table des Pièces.

5 PIEDS 1/2 DE LONGUEUR.

Largeur.	Epaisseur.	PRODUIT de chaque pièce.	
		Pieds.	pouces.
23	19	200	3
23	20	201	10
23	21	221	4
23	22	231	11
23	23	242	5
24	8	88	
24	9	99	
24	10	110	
24	11	121	
24	12	132	
24	13	143	
24	14	154	
24	15	165	
24	16	176	
24	17	187	
24	18	198	
24	19	209	
24	20	220	
24	21	231	
24	22	242	
24	23	253	
24	24	264	
25	10	114	7
25	11	126	1
25	12	137	6
25	13	149	
25	14	160	5
25	15	171	11
25	16	183	4
25	17	194	10
25	18	206	3
25	19	217	9
25	20	229	2
25	21	240	8
25	22	252	1
25	23	263	7
25	24	275	
25	25	286	6
26	10	119	2
26	11	131	1
26	12	143	
26	13	154	11
26	14	166	10
26	15	178	9
26	16	190	8
26	17	202	7
26	18	214	6
26	19	226	5
26	20	238	4
26	21	250	3
26	22	262	2
26	23	274	1
26	24	286	
26	25	297	11
26	26	309	10
27	10	123	9
27	11	136	1
27	12	148	6
27	13	160	10
27	14	173	3
27	15	185	7
27	16	198	
27	17	210	4
27	18	222	9
27	19	235	1
27	20	247	6
27	21	259	10
27	22	272	3

Table des Pièces.

5 PIEDS 1/2 DE LONGUEUR.

Largeur.	Epaisseur.	PRODUIT de chaque pièce.	
		Pieds.	pouces.
27	23	284	7
27	24	297	
27	25	309	4
27	26	321	9
27	27	334	1
28	10	128	4
28	11	141	2
28	12	154	
28	13	166	10
28	14	179	8
28	15	192	6
28	16	205	4
28	17	218	2
28	18	231	
28	19	243	10
28	20	256	8
28	21	269	6
28	22	282	4
28	23	295	2
28	24	308	
28	25	320	10
28	26	333	8
28	27	346	6
28	28	359	4
29	10	132	11
29	11	146	3
29	12	159	6
29	13	172	10
29	14	186	1
29	15	199	5
29	16	212	8
29	17	226	
29	18	239	3
29	19	252	7
29	20	265	10
29	21	279	2
29	22	292	6
29	23	305	9
29	24	319	
29	25	332	4
29	26	345	7
29	27	358	11
29	28	372	2
29	29	385	6
30	10	137	6
30	11	151	3
30	12	165	
30	13	178	9
30	14	192	6
30	15	206	3
30	16	220	
30	17	233	9
30	18	247	6
30	19	261	3
30	20	275	
30	21	288	9
30	22	302	6
30	23	316	3
30	24	330	
30	25	343	9
30	26	357	6
30	27	371	3
30	28	385	
30	29	398	9
30	30	412	6
31	12	170	6
31	13	184	8
31	14	198	11

Table des Pièces.

5 PIEDS 1/2 DE LONGUEUR.

Largeur.	Epaisseur.	PRODUIT de chaque pièce. Pieds.	pouces.
31	15	213	1
31	16	227	4
31	17	241	6
31	18	255	9
31	19	269	11
31	20	284	2
31	21	298	4
31	22	312	7
31	23	326	9
31	24	341	
31	25	355	2
31	26	369	5
31	27	383	7
31	28	397	10
31	29	412	
31	30	426	3
31	31	440	5
32	12	176	
32	13	190	8
32	14	205	4
32	15	220	
32	16	234	8
32	17	249	4
32	18	264	
32	19	278	8
32	20	293	4
32	21	308	
32	22	322	8
32	23	337	4
32	24	352	
32	25	366	8
32	26	381	4
32	27	396	
32	28	410	8

Largeur.	Epaisseur.	PRODUIT de chaque pièce. Pieds.	pouces.
32	29	425	4
32	30	440	
32	31	454	8
32	32	469	4
33	12	181	6
33	13	196	7
33	14	211	9
33	15	226	10
33	16	242	
33	17	257	1
33	18	272	3
33	19	287	4
33	20	302	6
33	21	317	7
33	22	332	9
33	23	347	10
33	24	363	
33	25	378	1
33	26	393	3
33	27	408	4
33	28	423	6
33	29	438	7
33	30	453	9
33	31	468	10
33	32	484	
33	33	499	1
34	13	202	7
34	14	218	2
34	15	233	9
34	16	249	4
34	17	264	11
34	18	280	6
34	19	296	1
34	20	311	8

Table des Pièces.

5 PIEDS 1/2 DE LONGUEUR.

Largeur.	Epaisseur.	PRODUIT de chaque pièce. Pieds.	pouces.
34	21	327	3
34	22	342	10
34	23	358	5
34	24	374	
34	25	389	7
34	26	405	2
34	27	420	9
34	28	436	4
34	29	451	11
34	30	467	6
34	31	483	1
34	32	498	8
34	33	514	3
34	34	529	10
35	14	224	7
35	15	240	7
35	16	256	8
35	17	272	8
35	18	288	9
35	19	304	9
35	20	320	10
35	21	336	10
35	22	352	11
35	23	368	11
35	24	385	
35	25	401	
35	26	417	1
35	27	433	1
35	28	449	2
35	29	465	2
35	30	481	3
35	31	497	3
35	32	513	4
35	33	529	4
35	34	545	5
35	35	561	5
36	15	247	6
36	16	264	
36	17	280	6
36	18	297	
36	19	313	6
36	20	330	
36	21	346	6
36	22	363	
36	23	379	6
36	24	396	
36	25	412	6
36	26	429	
36	27	445	6
36	28	462	
36	29	478	6
36	30	495	
36	31	511	6
36	32	528	
36	33	544	6
36	34	561	
36	35	577	6
36	36	594	

Table des Pièces.

6 PIEDS DE LONGUEUR.

Largeur.	Épaisseur.	PRODUIT de chaque pièce.	
		Pieds.	pouces.
12	6	36	
12	7	42	
12	8	48	
12	9	54	
12	10	60	
12	11	66	
12	12	72	
13	6	39	
13	7	45	6
13	8	52	
13	9	58	6
13	10	65	
13	11	71	6
13	12	78	
13	13	84	6
14	6	42	
14	7	49	
14	8	56	
14	9	63	
14	10	70	
14	11	77	
14	12	84	
14	13	91	
14	14	98	
15	8	60	
15	9	67	6
15	10	75	
15	11	82	6
15	12	90	
15	13	97	6
15	14	105	
15	15	112	6
16	8	64	
16	9	72	
16	10	80	
16	11	88	
16	12	96	
16	13	104	
16	14	112	
16	15	120	
16	16	128	
17	8	68	
17	9	76	6
17	10	85	
17	11	93	6
17	12	102	
17	13	110	6
17	14	119	
17	15	127	6
17	16	136	
17	17	144	6
18	8	72	
18	9	81	
18	10	90	
18	11	99	
18	12	108	
18	13	117	
18	14	126	
18	15	135	
18	16	144	
18	17	153	
18	18	162	
19	8	76	
19	9	85	6
19	10	95	

Table des Pièces.

6 PIEDS DE LONGUEUR.

Largeur.	Épaisseur.	PRODUIT de chaque pièce.	
		Pieds.	pouces.
19	11	104	6
19	12	114	
19	13	123	6
19	14	133	
19	15	142	6
19	16	152	
19	17	161	6
19	18	171	
19	19	180	6
20	8	80	
20	9	90	
20	10	100	
20	11	110	
20	12	120	
20	13	130	
20	14	140	
20	15	150	
20	16	160	
20	17	170	
20	18	180	
20	19	190	
20	20	200	
21	8	84	
21	9	94	6
21	10	105	
21	11	115	6
21	12	126	
21	13	136	6
21	14	147	
21	15	157	6
21	16	168	
21	17	178	6
21	18	189	
21	19	199	6
21	20	210	
21	21	220	6
22	8	88	
22	9	99	
22	10	110	
22	11	121	
22	12	132	
22	13	143	
22	14	154	
22	15	165	
22	16	176	
22	17	187	
22	18	198	
22	19	209	
22	20	220	
22	21	231	
22	22	242	
23	10	115	
23	11	126	6
23	12	138	
23	13	149	6
23	14	161	
23	15	172	6
23	16	184	
23	17	195	6
23	18	207	
23	19	218	6
23	20	230	
23	21	241	6
23	22	253	
23	23	264	6
24	10	120	
24	11	132	

6

Table des Pièces.

6 PIEDS DE LONGUEUR.

Largeur.	Epaisseur.	PRODUIT de chaque pièce. Pieds.	pouces.	Largeur.	Epaisseur.	PRODUIT de chaque pièce. Pieds.	pouces.
24	12	144		26	15	195	
24	13	156		26	16	208	
24	14	168		26	17	221	
24	15	180		26	18	234	
24	16	192		26	19	247	
24	17	204		26	20	260	
24	18	216		26	21	273	
24	19	228		26	22	286	
24	20	240		26	23	299	
24	21	252		26	24	312	
24	22	264		26	25	325	
24	23	276		26	26	338	
24	24	288		27	10	135	
25	10	125		27	11	148	6
25	11	137	6	27	12	162	
25	12	150		27	13	175	6
25	13	162	6	27	14	189	
25	14	175		27	15	202	6
25	15	187	6	27	16	216	
25	16	200		27	17	229	6
25	17	212	6	27	18	243	
25	18	225		27	19	256	6
25	19	237	6	27	20	270	
25	20	250		27	21	283	6
25	21	262	6	27	22	297	
25	22	275		27	23	310	6
25	23	287	6	27	24	324	
25	24	300		27	25	337	6
25	25	312	6	27	26	351	
26	10	130		27	27	364	6
26	11	143		28	12	168	
26	12	156		28	13	182	
26	13	169		28	14	196	
26	14	182		28	15	210	

Table des Pièces.

6 PIEDS DE LONGUEUR.

Largeur.	Epaisseur.	PRODUIT de chaque pièce. Pieds.	pouces.	Largeur.	Epaisseur.	PRODUIT de chaque pièce. Pieds.	pouces.
28	16	224		30	15	225	
28	17	238		30	16	240	
28	18	252		30	17	255	
28	19	266		30	18	270	
28	20	280		30	19	285	
28	21	294		30	20	300	
28	22	308		30	21	315	
28	23	322		30	22	330	
28	24	336		30	23	345	
28	25	350		30	24	360	
28	26	364		30	25	375	
28	27	378		30	26	390	
28	28	392		30	27	405	
29	12	174		30	28	420	
29	13	188	6	30	29	435	
29	14	203		30	30	450	
29	15	217	6	31	12	186	
29	16	232		31	13	201	6
29	17	246	6	31	14	217	
29	18	261		31	15	232	6
29	19	275	6	31	16	248	
29	20	290		31	17	263	6
29	21	304	6	31	18	279	
29	22	319		31	19	294	6
29	23	333	6	31	20	310	
29	24	348		31	21	325	6
29	25	362	6	31	22	341	
29	26	377		31	23	356	6
29	27	391	6	31	24	372	
29	28	406		31	25	387	6
29	29	420	6	31	26	403	
30	12	180		31	27	418	6
30	13	195		31	28	434	
30	14	210		31	29	449	6

Table des Pièces.

6 PIEDS DE LONGUEUR.

Largeur.	Epaisseur.	PRODUIT de chaque pièce. Pieds.	pouces.
31	30	465	
31	31	480	6
32	12	192	
32	13	208	
32	14	224	
32	15	240	
32	16	256	
32	17	272	
32	18	288	
32	19	304	
32	20	320	
32	21	336	
32	22	352	
32	23	368	
32	24	384	
32	25	400	
32	26	416	
32	27	432	
32	28	448	
32	29	464	
32	30	480	
32	31	496	
32	32	512	
33	12	198	
33	13	214	6
33	14	231	
33	15	247	6
33	16	264	
33	17	280	6
33	18	297	
33	19	313	6
33	20	330	
33	21	346	6
33	22	363	
33	23	379	6
33	24	396	
33	25	412	6
33	26	429	
33	27	445	6
33	28	462	
33	29	478	6
33	30	495	
33	31	511	6
33	32	528	
33	33	544	6
34	12	204	
34	13	221	
34	14	238	
34	15	255	
34	16	272	
34	17	289	
34	18	306	
34	19	323	
34	20	340	
34	21	357	
34	22	374	
34	23	391	
34	24	408	
34	25	425	
34	26	442	
34	27	459	
34	28	476	
34	29	493	
34	30	510	
34	31	527	
34	32	544	
34	33	561	
34	34	578	

Table des Pièces.

6 PIEDS DE LONGUEUR.

Largeur.	Epaisseur.	PRODUIT de chaque pièce.	
		Pieds.	pouces.
35	12	210	
35	13	227	6
35	14	245	
35	15	262	6
35	16	280	
35	17	297	6
35	18	315	
35	19	332	6
35	20	350	
35	21	367	6
35	22	385	
35	23	402	6
35	24	420	
35	25	437	6
35	26	455	
35	27	472	6
35	28	490	
35	29	507	6
35	30	525	
35	31	542	6
35	32	560	
35	33	577	6
35	34	595	
35	35	612	6
36	12	216	
36	13	234	
36	14	252	
36	15	270	
36	16	288	
36	17	306	
36	18	324	
36	19	342	
36	20	360	
36	21	378	
36	22	396	
36	23	414	
36	24	432	
36	25	450	
36	26	468	
36	27	486	
36	28	504	
36	29	522	
36	30	540	
36	31	558	
36	32	576	
36	33	594	
36	34	612	
36	35	630	
36	36	648	
37	14	259	
37	15	277	6
37	16	296	
37	17	314	6
37	18	333	
37	19	351	6
37	20	370	
37	21	388	6
37	22	407	
37	23	425	6
37	24	444	
37	25	462	6
37	26	481	
37	27	499	6
37	28	518	
37	29	536	6
37	30	555	
37	31	573	6
37	32	592	

Table des Pièces.

6 PIEDS DE LONGUEUR.

Largeur.	Epaisseur.	PRODUIT de chaque pièce.		Largeur.	Epaisseur.	PRODUIT de chaque pièce	
		Pieds.	pouces.			Pieds.	pouces.
37	33	610	6				
37	34	629					
37	35	647	6				
37	36	666					
37	37	684	6				
38	18	342					
38	19	361					
38	20	380					
38	21	399					
38	22	418					
38	23	437					
38	24	456					
38	25	475					
38	26	494					
38	27	513					
38	28	532					
38	29	551					
38	30	570					
38	31	589					
38	32	608					

Table des Pièces.

6 PIEDS 1/2 DE LONGUEUR.

Largeur.	Epaisseur.	PRODUIT de chaque pièce.	
		Pieds.	pouces.
12	6	39	
12	7	45	6
12	8	52	
12	9	58	6
12	10	65	
12	11	71	6
12	12	78	
13	6	42	3
13	7	49	3
13	8	56	4
13	9	63	4
13	10	70	5
13	11	77	5
13	12	84	6
13	13	91	6
14	6	45	6
14	7	53	1
14	8	60	8
14	9	68	3
14	10	75	10
14	11	83	5
14	12	91	
14	13	98	7
14	14	106	2
15	6	48	9
15	7	56	10
15	8	65	
15	9	73	1
15	10	81	3
15	11	89	4
15	12	97	6
15	13	105	7
15	14	113	9
15	15	121	10
16	8	69	4
16	9	78	
16	10	86	8
16	11	95	4
16	12	104	
16	13	112	8
16	14	121	4
16	15	130	
16	16	138	8
17	8	73	8
17	9	82	10
17	10	92	1
17	11	101	3
17	12	110	6
17	13	119	8
17	14	128	11
17	15	138	1
17	16	147	4
17	17	156	6
18	8	78	
18	9	87	9
18	10	97	6
18	11	107	3
18	12	117	
18	13	126	9
18	14	136	6
18	15	146	3
18	16	156	
18	17	165	9
18	18	175	6
19	8	82	4

Table des Pièces.

6 PIEDS 1/2 DE LONGUEUR.

Largeur.	Épaisseur.	PRODUIT de chaque pièce. Pieds.	Pouces.
19	9	92	7
19	10	102	11
19	11	113	2
19	12	123	6
19	13	133	9
19	14	144	1
19	15	154	4
19	16	164	8
19	17	174	11
19	18	185	2
19	19	195	6
20	8	86	8
20	9	97	6
20	10	108	4
20	11	119	2
20	12	130	
20	13	140	10
20	14	151	8
20	15	162	6
20	16	173	4
20	17	184	2
20	18	195	
20	19	205	10
20	20	216	8
21	8	91	
21	9	102	4
21	10	113	9
21	11	125	1
21	12	136	6
21	13	147	10
21	14	159	3
21	15	170	7
21	16	182	
21	17	193	4

Largeur.	Épaisseur.	PRODUIT de chaque pièce. Pieds.	Pouces.
21	18	204	9
21	19	216	1
21	20	227	6
21	21	238	10
22	8	95	4
22	9	107	3
22	10	119	2
22	11	131	1
22	12	143	
22	13	154	11
22	14	166	10
22	15	178	9
22	16	190	8
22	17	202	7
22	18	214	6
22	19	226	5
22	20	238	4
22	21	250	3
22	22	262	2
23	10	124	7
23	11	137	1
23	12	149	6
23	13	162	
23	14	174	5
23	15	186	10
23	16	199	4
23	17	211	10
23	18	224	3
23	19	236	9
23	20	249	2
23	21	261	8
23	22	274	1
23	23	286	7

Table des Pièces.

6 PIEDS 1/2 DE LONGUEUR.

Largeur.	Épaisseur.	PRODUIT de chaque pièce. Pieds.	pouces.
24	10	130	
24	11	143	
24	12	156	
24	13	169	
24	14	182	
24	15	195	
24	16	208	
24	17	221	
24	18	234	
24	19	247	
24	20	260	
24	21	273	
24	22	286	
24	23	299	
24	24	312	
25	10	135	5
25	11	149	
25	12	162	6
25	13	176	1
25	14	189	7
25	15	203	2
25	16	216	8
25	17	230	3
25	18	243	9
25	19	257	4
25	20	270	10
25	21	284	5
25	22	297	11
25	23	311	6
25	24	325	
25	25	338	7
26	10	140	10
26	11	154	11
26	12	169	

Largeur.	Épaisseur.	PRODUIT de chaque pièce. Pieds.	pouces.
26	13	183	1
26	14	197	2
26	15	211	3
26	16	225	4
26	17	239	5
26	18	253	6
26	19	267	7
26	20	281	8
26	21	295	9
26	22	309	10
26	23	323	11
26	24	338	
26	25	352	1
26	26	366	2
27	11	161	11
27	12	175	6
27	13	190	1
27	14	204	9
27	15	219	5
27	16	234	
27	17	248	8
27	18	263	3
27	19	277	11
27	20	292	6
27	21	307	2
27	22	321	9
27	23	336	5
27	24	351	
27	25	365	8
27	26	380	3
27	27	395	11
28	12	182	
28	13	197	2
28	14	212	4

Table des Pièces.

6 PIEDS 1/2 DE LONGUEUR.

Largeur.	Epaisseur.	PRODUIT de chaque pièce.		Largeur.	Epaisseur.	PRODUIT de chaque pièce.	
		Pieds.	pouces.			Pieds.	pouces.
28	15	227	6	30	13	211	3
28	16	242	8	30	14	227	6
28	17	257	10	30	15	243	9
28	18	273		30	16	260	
28	19	288	2	30	17	276	3
28	20	303	4	30	18	292	6
28	21	318	6	30	19	308	9
28	22	333	8	30	20	325	
28	23	348	10	30	21	341	3
28	24	364		30	22	357	6
28	25	379	2	30	23	373	9
28	26	394	4	30	24	390	
28	27	409	6	30	25	406	3
28	28	424	8	30	26	422	6
29	11	173	9	30	27	438	9
29	12	188	6	30	28	455	
29	13	204	2	30	29	471	3
29	14	219	11	30	30	487	6
29	15	235	7	31	12	201	6
29	16	251	4	31	13	218	3
29	17	267	1	31	14	235	1
29	18	282	9	31	15	251	11
29	19	298	6	31	16	268	8
29	20	314	2	31	17	285	6
29	21	329	11	31	18	302	3
29	22	345	7	31	19	319	1
29	23	361	4	31	20	335	10
29	24	377		31	21	352	8
29	25	392	9	31	22	369	5
29	26	408	5	31	23	386	2
29	27	424	2	31	24	403	
29	28	439	11	31	25	419	9
29	29	455	6	31	26	436	7
30	12	195		31	27	453	4

Table des Pièces.

6 PIEDS 1/2 DE LONGUEUR.

Largeur.	Epaisseur.	PRODUIT de chaque pièce.	
		Pieds.	pouces.
31	28	470	2
31	29	487	
31	30	503	9
31	31	520	7
32	14	242	8
32	15	260	
32	16	277	4
32	17	294	8
32	18	312	
32	19	329	4
32	20	346	8
32	21	364	
32	22	381	4
32	23	398	8
32	24	416	
32	25	433	4
32	26	450	8
32	27	468	
32	28	485	4
32	29	502	8
32	30	520	
33	14	250	3
33	15	268	1
33	16	286	
33	17	303	10
33	18	321	9
33	19	339	7
33	20	357	6
33	21	375	4
33	22	393	3
33	23	411	1
33	24	429	
33	25	446	10
33	26	464	9
33	27	482	7
33	28	500	6
33	29	518	4
33	30	536	8
33	31	554	1
34	14	257	10
34	15	276	3
34	16	294	8
34	17	313	1
34	18	331	6
34	19	349	11
34	20	368	4
34	21	386	9
34	22	405	2
34	23	423	7
34	24	442	
34	25	460	5
34	26	478	10
34	27	497	3
34	28	515	8
34	29	534	1
34	30	552	6
34	31	570	11
34	32	589	4
34	33	607	9
34	34	626	2
35	14	265	5
35	15	284	4
35	16	303	4
35	17	322	3
35	18	341	3
35	19	360	2
35	20	379	2
35	21	398	1

Table des Pièces.

6 PIEDS 1/2 DE LONGUEUR.

Largeur.	Epaisseur.	PRODUIT de chaque pièce.	
		Pieds.	pouces.
35	22	417	1
35	23	436	
35	24	455	
35	25	473	11
35	26	492	11
35	27	511	10
35	28	530	10
35	29	549	9
35	30	568	9
35	31	587	8
35	32	606	8
35	33	625	7
35	34	644	7
35	35	663	6
36	15	292	6
36	16	312	
36	17	331	6
36	18	351	
36	19	370	6
36	20	390	
36	21	409	6
36	22	429	
36	23	448	6
36	24	468	
36	25	487	6
36	26	507	
36	27	526	6
36	28	546	
36	29	565	6
36	30	585	
36	31	604	6
36	32	624	
36	33	643	6
36	34	663	
36	35	682	6
36	36	702	
37	16	320	8
37	17	340	8
37	18	360	9
37	19	380	9
37	20	400	10
37	21	420	10
37	22	440	11
37	23	460	11
37	24	481	
37	25	501	
37	26	521	1
37	27	541	1
37	28	561	2
37	29	581	2
37	30	601	3
37	31	621	3
37	32	641	4
37	33	661	4
37	34	681	5
37	35	701	5
37	36	721	6
37	37	741	6
38	18	370	6
38	19	391	1
38	20	411	8
38	21	432	3
38	22	452	10
38	23	473	5
38	24	494	
38	25	514	7
38	26	535	2
38	27	555	9

Table des Pièces.

6 PIEDS 1/2 DE LONGUEUR.

Largeur.	Epaisseur.	PRODUIT de chaque pièce.		Largeur.	Epaisseur.	PRODUIT de chaque pièce.	
		Pieds.	pouces.			Pieds.	pouces.
38	28	576	4				
38	29	596	11				
38	30	617	6				
38	31	638	1				
38	32	658	8				
38	33	679	3				
38	34	699	10				
38	35	720	5				
38	36	741					
38	37	761	7				
38	38	782	2				
39	18	380	3				
39	19	401	4				
39	20	422	6				
39	21	443	7				
39	22	464	9				
39	23	485	10				
39	24	507					
39	25	528	1				
39	26	549	3				
39	27	570	4				
39	28	591	6				
39	29	612	7				
39	30	633	9				
39	31	654	10				
39	32	676					
39	33	697	1				
39	34	718	3				
39	35	739	4				
39	36	760	6				
39	37	781	7				

Table des Pièces.

7 PIEDS DE LONGUEUR.

Largeur.	Epaisseur.	PRODUIT de chaque pièce. Pieds.	pouces.	Largeur.	Epaisseur.	PRODUIT de chaque pièce. Pieds.	pouces.
12	6	42		15	15	131	3
12	7	49					
12	8	56		16	6	56	
12	9	63		16	7	65	4
12	10	70		16	8	74	8
12	11	77		16	9	84	
12	12	84		16	10	93	4
				16	11	102	8
13	6	45	6	16	12	112	
13	7	53	1	16	13	121	4
13	8	60	8	16	14	130	8
13	9	68	3	16	15	140	
13	10	75	10	16	16	149	4
13	11	83	5				
13	12	91		17	6	59	6
13	13	98	7	17	7	69	5
				17	8	79	4
14	6	49		17	9	89	3
14	7	57	2	17	10	99	2
14	8	65	4	17	11	109	1
14	9	73	6	17	12	119	
14	10	81	8	17	13	128	11
14	11	89	10	17	14	138	10
14	12	98		17	15	148	9
14	13	106	2	17	16	158	8
14	14	114	4	17	17	168	7
15	6	52	6	18	6	63	
15	7	61	3	18	7	73	6
15	8	70		18	8	84	
15	9	78	9	18	9	94	6
15	10	87		18	10	105	
15	11	96	3	18	11	115	6
15	12	105		18	12	126	
15	13	113	9	18	13	136	6
15	14	122	6	18	14	147	

Table des Pièces.

7 PIEDS DE LONGUEUR.

Largeur.	Épaisseur.	PRODUIT de chaque pièce.	
		Pieds.	pouces.
18	15	157	6
18	16	168	
18	17	178	6
18	18	189	
19	6	66	6
19	7	77	7
19	8	88	8
19	9	99	9
19	10	110	10
19	11	121	11
19	12	133	
19	13	144	1
19	14	155	2
19	15	166	3
19	16	177	4
19	17	188	5
19	18	199	6
19	19	210	7
20	6	70	
20	7	81	8
20	8	93	4
20	9	105	
20	10	116	8
20	11	128	4
20	12	140	
20	13	151	8
20	14	163	4
20	15	175	
20	16	186	8
20	17	198	4
20	18	210	
20	19	221	8
20	20	233	4

Largeur.	Épaisseur.	PRODUIT de chaque pièce.	
		Pieds.	pouces.
21	8	98	
21	9	110	3
21	10	122	6
21	11	134	9
21	12	147	
21	13	159	3
21	14	171	6
21	15	183	9
21	16	196	
21	17	208	3
21	18	220	6
21	19	232	9
21	20	245	
21	21	257	3
22	10	128	4
22	11	141	2
22	12	154	
22	13	166	10
22	14	179	8
22	15	192	6
22	16	205	4
22	17	218	2
22	18	231	
22	19	243	10
22	20	256	8
22	21	269	6
22	22	282	4
23	10	134	2
23	11	147	7
23	12	161	
23	13	174	5
23	14	187	10
23	15	201	3
23	16	214	8

7

Table des Pièces.

7 PIEDS DE LONGUEUR.

Largeur.	Epaisseur.	PRODUIT de chaque pièce.	
		Pieds.	pouces.
23	17	228	1
23	18	241	6
23	19	254	11
23	20	268	4
23	21	281	9
23	22	295	2
23	23	308	7
24	10	140	
24	11	154	
24	12	168	
24	13	182	
24	14	196	
24	15	210	
24	16	224	
24	17	238	
24	18	252	
24	19	266	
24	20	280	
24	21	294	
24	22	308	
24	23	322	
24	24	336	
25	11	160	5
25	12	175	
25	13	189	7
25	14	204	2
25	15	218	9
25	16	233	4
25	17	247	11
25	18	262	6
25	19	277	1
25	20	291	8
25	21	306	3
25	22	320	10
25	23	335	5
25	24	350	
25	25	364	7
26	11	166	10
26	12	182	
26	13	197	2
26	14	212	4
26	15	227	6
26	16	242	8
26	17	257	10
26	18	273	
26	19	288	2
26	20	303	4
26	21	318	6
26	22	333	8
26	23	348	10
26	24	364	
26	25	379	2
26	26	394	4
27	12	189	
27	13	204	9
27	14	220	6
27	15	236	3
27	16	252	
27	17	267	9
27	18	283	6
27	19	299	3
27	20	315	
27	21	330	9
27	22	346	6
27	23	362	3
27	24	378	
27	25	393	9
27	26	409	6

Table des Pièces.

7 PIEDS DE LONGUEUR.

Largeur.	Epaisseur.	PRODUIT de chaque pièce. Pieds.	Pouces.	Largeur.	Epaisseur.	PRODUIT de chaque pièce. Pieds.	Pouces.
27	27	425	3	29	28	473	8
28	12	196		29	29	490	7
28	13	212	4	30	12	210	
28	14	228	8	30	13	227	6
28	15	245		30	14	245	
28	16	261	4	30	15	262	6
28	17	277	8	30	16	280	
28	18	294		30	17	297	6
28	19	310	4	30	18	315	
28	20	326	8	30	19	332	6
28	21	343		30	20	350	
28	22	359	4	30	21	367	6
28	23	375	8	30	22	385	
28	24	392		30	23	402	6
28	25	408	4	30	24	420	
28	26	424	8	30	25	437	6
28	27	441		30	26	455	
28	28	457	4	30	27	472	6
29	12	203		30	28	490	
29	13	219	11	30	29	507	6
29	14	236	10	30	30	525	
29	15	253	9	31	12	217	
29	16	270	8	31	13	235	1
29	17	287	7	31	14	253	2
29	18	304	6	31	15	271	3
29	19	321	5	31	16	289	4
29	20	338	4	31	17	307	5
29	21	355	3	31	18	325	6
29	22	372	2	31	19	343	7
29	23	389	1	31	20	361	8
29	24	406		31	21	379	9
29	25	422	11	31	22	397	10
29	26	439	10	31	23	415	11
29	27	456	9	31	24	434	

Table des Pièces.

7 PIEDS DE LONGUEUR.

Largeur.	Epaisseur.	PRODUIT de chaque pièce.	
		Pieds.	pouces.
31	25	452	1
31	26	470	2
31	27	488	3
31	28	506	4
31	29	524	5
31	30	542	6
31	31	560	7
32	12	224	
32	13	242	8
32	14	261	4
32	15	280	
32	16	298	8
32	17	317	4
32	18	336	
32	19	354	8
32	20	373	4
32	21	392	
32	22	410	8
32	23	429	4
32	24	448	
32	25	466	8
32	26	485	4
32	27	504	
32	28	522	8
32	29	541	4
32	30	560	
32	31	578	8
32	32	597	4
33	12	231	
33	13	250	3
33	14	269	6
33	15	288	9
33	16	308	
33	17	327	3
33	18	346	6
33	19	365	9
33	20	385	
33	21	404	3
33	22	423	6
33	23	442	9
33	24	462	
33	25	481	3
33	26	500	6
33	27	519	9
33	28	539	
33	29	558	3
33	30	577	6
33	31	596	9
33	32	616	
33	33	635	3
34	12	238	
34	13	257	10
34	14	277	8
34	15	297	6
34	16	317	4
34	17	337	2
34	18	357	
34	19	376	10
34	20	396	8
34	21	416	6
34	22	436	4
34	23	456	2
34	24	476	
34	25	495	10
34	26	515	8
34	27	535	6
34	28	555	4
34	29	575	2

Table des Pièces.

7 PIEDS DE LONGUEUR.

Largeur.	Epaisseur.	PRODUIT de chaque pièce.	
		Pieds.	pouces.
34	30	595	
34	31	614	10
34	32	634	8
34	33	654	6
34	34	674	4
35	16	326	8
35	17	347	1
35	18	367	6
35	19	387	11
35	20	408	4
35	21	428	9
35	22	449	2
35	23	469	7
35	24	490	
35	25	510	5
35	26	530	10
35	27	551	3
35	28	571	8
35	29	592	2
35	30	612	6
35	31	632	11
35	32	653	4
36	16	336	
36	17	357	
36	18	378	
36	19	399	
36	20	420	
36	21	441	
36	22	462	
36	23	483	
36	24	504	
36	25	525	
36	26	546	
36	27	567	
36	28	588	
36	29	609	
36	30	630	
36	31	651	
36	32	672	
36	33	693	
36	34	714	
36	35	735	
36	36	756	
37	16	345	4
37	17	366	11
37	18	388	6
37	19	410	1
37	20	431	8
37	21	453	3
37	22	474	10
37	23	496	5
37	24	518	
37	25	539	7
37	26	561	2
37	27	582	9
37	28	604	4
37	29	625	11
37	30	647	6
37	31	669	1
37	32	690	8
37	33	712	3
37	34	733	10
37	35	755	5
38	16	354	8
38	17	376	10
38	18	399	
38	19	421	2
38	20	443	4

Table des Pièces.

7 PIEDS DE LONGUEUR.

Largeur.	Epaisseur.	PRODUIT de chaque pièce.		Largeur.	Epaisseur.	PRODUIT de chaque pièce.	
		Pieds.	pouces.			Pieds.	pouces.
38	21	465	6				
38	22	487	8				
38	23	509	10				
38	24	532					
38	25	554	2				
38	26	576	4				
38	27	598	6				
38	28	620	8				
38	29	642	10				
38	30	665					
38	31	687	2				
38	32	709	4				
38	33	731	6				
38	34	753	8				
38	35	775	10				
38	36	798					
38	37	820	2				
38	38	842	4				

Table des Pièces.

7 PIEDS 1/2 DE LONGUEUR.

Largeur.	Epaisseur.	PRODUIT de chaque pièce.	
		Pieds.	pouces.
12	6	45	
12	7	52	6
12	8	60	
12	9	67	6
12	10	75	
12	11	82	6
12	12	90	
13	6	48	9
13	7	56	10
13	8	65	
13	9	73	1
13	10	81	3
13	11	89	4
13	12	97	6
13	13	105	7
14	6	52	6
14	7	61	3
14	8	70	
14	9	78	9
14	10	87	6
14	11	96	3
14	12	105	
14	13	113	9
14	14	122	6
15	6	56	3
15	7	65	7
15	8	75	
15	9	84	4
15	10	93	9
15	11	103	1
15	12	112	6
15	13	121	10
15	14	131	3
15	15	140	7
16	6	60	
16	7	70	
16	8	80	
16	9	90	
16	10	100	
16	11	110	
16	12	120	
16	13	130	
16	14	140	
16	15	150	
16	16	160	
17	6	63	9
17	7	74	4
17	8	85	
17	9	95	7
17	10	106	3
17	11	116	10
17	12	127	6
17	13	138	1
17	14	148	9
17	15	159	4
17	16	170	
17	17	180	7
18	8	90	
18	9	101	3
18	10	112	6
18	11	123	9
18	12	135	
18	13	146	3
18	14	157	6
18	15	168	9
18	16	180	

Table des Pièces.

7 PIEDS 1/2 DE LONGUEUR.

Largeur.	Epaisseur.	PRODUIT de chaque pièce. Pieds.	pouces.	Largeur.	Epaisseur.	PRODUIT de chaque pièce. Pieds.	pouces.
18	17	191	3	21	14	183	9
18	18	202	6	21	15	196	10
19	8	95		21	16	210	
19	9	106	10	21	17	223	1
19	10	118	9	21	18	236	3
19	11	130	7	21	19	249	4
19	12	142	6	21	20	262	6
19	13	154	4	21	21	275	7
19	14	166	3	22	8	110	
19	15	178	1	22	9	123	9
19	16	190		22	10	137	6
19	17	201	10	22	11	151	3
19	18	213	9	22	12	165	
19	19	225	7	22	13	178	9
20	8	100		22	14	192	6
20	9	112	6	22	15	206	3
20	10	125		22	16	220	
20	11	137	6	22	17	223	9
20	12	150		22	18	247	6
20	13	162	6	22	19	261	3
20	14	175		22	20	275	
20	15	187	6	22	21	288	9
20	16	200		22	22	302	6
20	17	212	6	23	8	115	
20	18	225		23	9	129	4
20	19	237	6	23	10	143	9
20	20	250		23	11	158	1
21	8	105		23	12	172	6
21	9	118	1	23	13	186	10
21	10	131	3	23	14	201	3
21	11	144	4	23	15	215	7
21	12	157	6	23	16	230	
21	13	170	7	23	17	244	4
				23	18	258	9

Table des Pièces.

7 PIEDS 1/2 DE LONGUEUR.

Largeur.	Epaisseur.	PRODUIT de chaque pièce.	
		Pieds.	pouces.
23	19	273	1
23	20	287	6
23	21	301	10
23	22	316	3
23	23	330	7
24	8	120	
24	9	135	
24	10	150	
24	11	165	
24	12	180	
24	13	195	
24	14	210	
24	15	225	
24	16	240	
24	17	255	
24	18	270	
24	19	285	
24	20	300	
24	21	315	
24	22	330	
24	23	345	
24	24	360	
25	8	125	
25	9	141	7
25	10	156	3
25	11	171	10
25	12	187	6
25	13	203	1
25	14	218	9
25	15	234	4
25	16	250	
25	17	265	7
25	18	281	3
25	19	296	10
25	20	312	6
25	21	328	1
25	22	343	9
25	23	359	4
25	24	375	
25	25	390	7
26	8	129	
26	9	146	3
26	10	162	6
26	11	178	9
26	12	195	
26	13	211	3
26	14	227	6
26	15	243	9
26	16	260	
26	17	276	3
26	18	292	6
26	19	308	9
26	20	325	
26	21	341	3
26	22	357	6
26	23	373	9
26	24	390	
26	25	406	3
26	26	422	6
27	10	168	9
27	11	185	7
27	12	202	6
27	13	219	4
27	14	236	3
27	15	253	1
27	16	270	
27	17	286	10
27	18	303	9

Table des Pièces.

7 PIEDS 1/2 DE LONGUEUR.

Largeur.	Epaisseur.	PRODUIT de chaque pièce. Pieds.	pouces.	Largeur.	Epaisseur.	PRODUIT de chaque pièce. Pieds.	pouces.
27	19	320	7	29	16	290	
27	20	337	6	29	17	308	1
27	21	354	4	29	18	326	3
27	22	371	3	29	19	344	4
27	23	388	1	29	20	362	6
27	24	405		29	21	380	7
27	25	421	10	29	22	398	9
27	26	438	9	29	23	416	10
27	27	455	7	29	24	435	
28	10	175		29	25	453	1
28	11	192	6	29	26	471	3
28	12	210		29	27	489	4
28	13	227	6	29	28	507	6
28	14	245		29	29	525	7
28	15	262	6	30	10	187	6
28	16	280		30	11	206	3
28	17	297	6	30	12	225	
28	18	315		30	13	243	9
28	19	332	6	30	14	262	6
28	20	350		30	15	281	3
28	21	367	6	30	16	300	
28	22	385		30	17	318	9
28	23	402	6	30	18	337	6
28	24	420		30	19	356	3
28	25	437	6	30	20	375	
28	26	455		30	21	393	9
28	27	472	6	30	22	412	6
28	28	490		30	23	431	3
26	10	181	3	30	24	450	
29	11	199	4	30	25	468	9
29	12	217	6	30	26	487	6
29	13	235	7	30	27	506	3
29	14	253	9	30	28	525	
29	15	271	10	30	29	543	9

Table des Pièces.

7 PIEDS 1/2 DE LONGUEUR.

Largeur.	Epaisseur.	PRODUIT de chaque pièce. Pieds.	pouces.
30	30	562	6
31	10	193	9
31	11	213	1
31	12	232	6
31	13	251	10
31	14	271	3
31	15	290	7
31	16	310	
31	17	329	4
31	18	348	9
31	19	368	1
31	20	387	6
31	21	406	10
31	22	426	3
31	23	445	7
31	24	465	
31	25	484	4
31	26	503	9
31	27	523	1
31	28	542	6
31	29	561	10
31	30	581	3
32	12	240	
32	13	260	
32	14	280	
32	15	300	
32	16	320	
32	17	340	
32	18	360	
32	19	380	
32	20	400	
32	21	420	
32	22	440	
32	23	460	
32	24	480	
32	25	500	
32	26	520	
32	27	540	
32	28	560	
32	29	580	
32	30	600	
32	31	620	
33	12	247	6
33	13	268	1
33	14	288	9
33	15	309	4
33	16	330	
33	17	350	7
33	18	371	3
33	19	391	10
33	20	412	6
33	21	433	1
33	22	453	9
33	23	474	4
33	24	495	
33	25	515	7
33	26	536	3
33	27	556	10
33	28	577	6
33	29	598	1
33	30	618	9
33	31	639	4
33	32	660	
33	33	680	7
34	14	297	6
34	15	328	9
34	16	340	
34	17	361	3

Table des Pièces.

7 PIEDS 1/2 DE LONGUEUR.

Largeur.	Épaisseur.	PRODUIT de chaque pièce.	
		Pieds.	pouces.
34	18	382	6
34	19	403	9
34	20	425	
34	21	446	3
34	22	467	6
34	23	488	9
34	24	510	
34	25	531	3
34	26	552	6
34	27	573	9
34	28	595	
34	29	616	3
34	30	637	6
34	31	658	9
34	32	680	
34	33	701	3
34	34	722	6
35	14	306	3
35	15	328	1
35	16	350	
35	17	371	10
35	18	393	9
35	19	415	7
35	20	437	6
35	21	459	4
35	22	481	3
35	23	503	1
35	24	525	
35	25	546	10
35	26	568	9
35	27	590	7
35	28	612	6
35	29	634	4
35	[illegible]	656	3

Largeur.	Épaisseur.	PRODUIT de chaque pièce.	
		Pieds.	pouces.
35	31	678	1
35	32	700	
35	33	721	10
35	34	743	9
35	35	765	7
36	14	315	
36	15	337	6
36	16	360	
36	17	382	6
36	18	405	
36	19	427	6
36	20	450	
36	21	472	6
36	22	495	
36	23	517	6
36	24	540	
36	25	562	6
36	26	585	
36	27	607	6
36	28	630	
36	29	652	6
36	30	675	
36	31	697	6
36	32	720	
36	33	742	6
36	34	765	
36	35	787	6
36	36	810	
37	16	370	
37	17	393	1
37	18	416	3
37	19	439	4
37	20	462	6
37	21	485	7

Table des Pièces.

7 PIEDS 1/2 DE LONGUEUR.

Largeur.	Épaisseur.	PRODUIT de chaque pièce.		Largeur.	Épaisseur.	PRODUIT de chaque pièce.	
		Pieds.	pouces.			Pieds.	pouces.
37	22	508	9				
37	23	531	10				
37	24	555					
37	25	578	1				
37	26	601	3				
37	27	624	4				
37	28	647	6				
37	29	670	7				
37	30	693	9				
37	31	716	10				
37	32	740					
37	33	763	1				
37	34	786	3				
38	16	380					
38	17	403	9				
38	18	427	6				
38	19	451	3				
38	20	475					
38	21	498	9				
38	22	522	6				
38	23	546	3				
38	24	570					
38	25	593	9				
38	26	617	6				
38	27	641	3				
38	28	665					
38	29	688	9				
38	30	712	6				
38	31	736	3				
38	32	760					
38	33	783	9				
38	34	807	6				
38	35	831	3				
38	36	855					

Table des Pièces.

8 PIEDS DE LONGUEUR.

Largeur.	Epaisseur.	PRODUIT de chaque pièce.	
		Pieds.	pouces.
12	6	48	
12	7	56	
12	8	64	
12	9	72	
12	10	80	
12	11	88	
12	12	96	
13	6	52	
13	7	60	8
13	8	69	4
13	9	78	
13	10	86	8
13	11	95	4
13	12	104	
13	13	112	8
14	6	56	
14	7	65	4
14	8	74	8
14	9	84	
14	10	93	4
14	11	102	8
14	12	112	
14	13	121	4
14	14	130	8
15	6	60	
15	7	70	
15	8	80	
15	9	90	
15	10	100	
15	11	110	
15	12	120	
15	13	130	
15	14	140	
15	15	150	
16	6	64	
16	7	74	8
16	8	85	4
16	9	96	
16	10	106	8
16	11	117	4
16	12	128	
16	13	138	8
16	14	149	4
16	15	160	
16	16	170	8
17	6	68	
17	7	79	4
17	8	90	8
17	9	102	
17	10	113	4
17	11	124	8
17	12	136	
17	13	147	4
17	14	158	8
17	15	170	
17	16	181	4
17	17	192	8
18	6	72	
18	7	84	
18	8	96	
18	9	108	
18	10	120	
18	11	132	
18	12	144	
18	13	156	
18	14	168	

Table des Pièces.

8 PIEDS DE LONGUEUR.

Largeur.	Épaisseur.	PRODUIT de chaque pièce.		Largeur.	Épaisseur.	PRODUIT de chaque pièce.	
		Pieds.	pouces.			Pieds.	pouces.
18	15	180		21	10	140	
18	16	192		21	11	154	
18	17	204		21	12	168	
18	18	216		21	13	182	
19	6	76		21	14	196	
19	7	88	8	21	15	210	
19	8	101	4	21	16	224	
19	9	114		21	17	238	
19	10	126	8	21	18	252	
19	11	139	4	21	19	266	
19	12	152		21	20	280	
19	13	164	8	21	21	294	
19	14	177	4	22	8	117	4
19	15	190		22	9	132	
19	16	202	8	22	10	146	8
19	17	215	4	22	11	161	4
19	18	228		22	12	176	
19	19	240	8	22	13	190	8
20	8	106	8	22	14	205	4
20	9	120		22	15	220	
20	10	133	4	22	16	234	8
20	11	146	8	22	17	249	4
20	12	160		22	18	264	
20	13	173	4	22	19	278	8
20	14	186	8	22	20	293	4
20	15	200		22	21	308	
20	16	213	4	22	22	322	8
20	17	226	8	23	10	153	4
20	18	240		23	11	168	8
20	19	253	4	23	12	184	
20	20	266	8	23	13	199	4
21	8	112		23	14	214	8
21	9	126		23	15	230	
				23	16	245	4

8

Table des Pièces.

8 PIEDS DE LONGUEUR.

Largeur.	Épaisseur.	PRODUIT de chaque pièce. Pieds.	pouces.
23	17	260	8
23	18	276	
23	19	291	4
23	20	306	8
23	21	322	
23	22	337	4
23	23	352	8
24	10	160	
24	11	176	
24	12	192	
24	13	208	
24	14	224	
24	15	240	
24	16	256	
24	17	272	
24	18	288	
24	19	304	
24	20	320	
24	21	336	
24	22	352	
24	23	368	
24	24	384	
25	10	166	8
25	11	183	4
25	12	200	
25	13	216	8
25	14	233	4
25	15	250	
25	16	266	8
25	17	283	4
25	18	300	
25	19	316	8
25	20	333	4
25	21	350	
25	22	366	8
25	23	383	4
25	24	400	
25	25	416	8
26	10	173	4
26	11	190	8
26	12	208	
26	13	225	4
26	14	242	8
26	15	260	
26	16	277	4
26	17	294	8
26	18	312	
26	19	329	4
26	20	346	8
26	21	364	
26	22	381	4
26	23	398	8
26	24	416	
26	25	433	4
26	26	450	8
27	10	180	
27	11	198	
27	12	216	
27	13	234	
27	14	252	
27	15	270	
27	16	288	
27	17	306	
27	18	324	
27	19	342	
27	20	360	
27	21	378	
27	22	396	

Table des Pièces.

8 PIEDS DE LONGUEUR.

Largeur.	Epaisseur.	PRODUIT de chaque pièce.	
		Pieds.	pouces.
27	23	414	
27	24	432	
27	25	450	
27	26	468	
27	27	486	
28	10	186	8
28	11	205	4
28	12	224	
28	13	242	8
28	14	261	4
28	15	280	
28	16	298	8
28	17	317	4
28	18	336	
28	19	354	8
28	20	373	4
28	21	392	
28	22	410	8
28	23	429	4
28	24	448	
28	25	466	8
28	26	485	4
28	27	504	
28	28	522	8
29	10	193	4
29	11	212	8
29	12	232	
29	13	251	4
29	14	270	8
29	15	290	
29	16	309	4
29	17	328	8
29	18	348	
29	19	367	4
29	20	386	8
29	21	406	
29	22	425	4
29	23	444	8
29	24	464	
29	25	483	4
29	26	502	8
29	27	522	
29	28	541	4
29	29	560	8
30	12	240	
30	13	260	
30	14	280	
30	15	300	
30	16	320	
30	17	340	
30	18	360	
30	19	380	
30	20	400	
30	21	420	
30	22	440	
30	23	460	
30	24	480	
30	25	500	
30	26	520	
30	27	540	
30	28	560	
30	29	580	
30	30	600	
31	12	248	
31	13	268	8
31	14	289	4
31	15	310	
31	16	330	8

Table des Pièces.

8 PIEDS DE LONGUEUR.

Largeur.	Epaisseur.	PRODUIT de chaque pièce.	
		Pieds.	pouces.
31	17	351	4
31	18	372	
31	19	392	8
31	20	413	4
31	21	434	
31	22	454	8
31	23	475	4
31	24	496	
31	25	516	8
31	26	537	4
31	27	558	
31	28	578	8
31	29	599	4
31	30	620	
31	31	640	8
32	12	256	
32	13	277	4
32	14	298	8
32	15	320	
32	16	341	4
32	17	362	8
32	18	384	
32	19	405	4
32	20	426	8
32	21	448	
32	22	469	4
32	23	490	8
32	24	512	
32	25	533	4
32	26	554	8
32	27	576	
32	28	597	4
32	29	618	8
32	30	640	
32	31	661	4
32	32	682	8
33	12	264	
33	13	286	
33	14	308	
33	15	330	
33	16	352	
33	17	374	
33	18	396	
33	19	418	
33	20	440	
33	21	462	
33	22	484	
33	23	506	
33	24	528	
33	25	550	
33	26	572	
33	27	594	
33	28	616	
33	29	638	
33	30	660	
33	31	682	
33	32	704	
33	33	726	
34	12	272	
34	13	294	8
34	14	317	4
34	15	340	
34	16	362	8
34	17	385	4
34	18	408	
34	19	430	8
34	20	453	4
34	21	476	

Table des Pièces.

8 PIEDS DE LONGUEUR.

Largeur.	Epaisseur.	PRODUIT de chaque pièce.	
		Pieds.	pouces.
34	22	498	8
34	23	521	4
34	24	544	
34	25	566	8
34	26	589	4
34	27	612	
34	28	634	8
34	29	657	4
34	30	680	
34	31	702	8
34	32	725	4
34	33	748	
34	34	770	8
35	12	280	
35	13	303	4
35	14	326	8
35	15	350	
35	16	373	4
35	17	396	8
35	18	420	
35	19	443	4
35	20	466	8
35	21	490	
35	22	513	4
35	23	536	8
35	24	560	
35	25	583	4
35	26	606	8
35	27	630	
35	28	653	4
35	29	676	8
35	30	700	
35	31	723	4
35	32	746	8
35	33	770	
35	34	793	4
35	35	816	8
36	14	336	
36	15	360	
36	16	384	
36	17	408	
36	18	432	
36	19	456	
36	20	480	
36	21	504	
36	22	528	
36	23	552	
36	24	576	
36	25	600	
36	26	624	
36	27	648	
36	28	672	
36	29	696	
36	30	720	
36	31	744	
36	32	768	
36	33	792	
36	34	816	
36	35	840	
36	36	864	
37	16	394	8
37	17	419	4
37	18	444	
37	19	468	8
37	20	493	4
37	21	518	
37	22	542	8
37	23	567	4

Table des Pièces.

8 PIEDS DE LONGUEUR.

Largeur.	Epaisseur.	PRODUIT de chaque pièce.		Largeur.	Epaisseur.	PRODUIT de chaque pièce.	
		Pieds.	pouces.			Pieds.	pouces.
37	24	592					
37	25	616	8				
37	26	641	4				
37	27	666					
37	28	690	8				
37	29	715	4				
37	30	740					
37	31	764	8				
37	32	789	4				
37	33	814					
37	34	838	8				
38	16	405	4				
38	17	430	8				
38	18	456					
38	19	481	4				
38	20	506	8				
38	21	532					
38	22	557	4				
38	23	582	8				
38	24	608					
38	25	633	4				
38	26	658	8				
38	27	684					
38	28	709	4				
38	29	734	8				
38	30	760					
38	31	785	4				
38	32	810	8				
38	33	836					
38	34	861	4				
38	35	886	8				
38	36	912					

Table des Pièces.

8 PIEDS 1/2 DE LONGUEUR.

Largeur.	Epaisseur.	PRODUIT de chaque pièce.	
		Pieds.	pouces.
12	6	51	
12	7	59	6
12	8	68	
12	9	76	6
12	10	85	
12	11	93	6
12	12	102	
13	6	55	3
13	7	64	5
13	8	73	8
13	9	82	10
13	10	92	1
13	11	101	3
13	12	110	6
13	13	119	8
14	6	59	6
14	7	69	5
14	8	79	4
14	9	89	3
14	10	99	2
14	11	109	1
14	12	119	
14	13	128	11
14	14	138	10
15	6	63	9
15	7	74	4
15	8	85	
15	9	95	7
15	10	106	3
15	11	116	10
15	12	127	6
15	13	138	1
15	14	148	8
15	15	159	4
16	6	68	
16	7	79	4
16	8	90	8
16	9	102	
16	10	113	4
16	11	124	8
16	12	136	
16	13	147	4
16	14	158	8
16	15	170	
16	16	181	4
17	6	72	3
17	7	84	3
17	8	96	4
17	9	108	4
17	10	120	5
17	11	132	5
17	12	144	6
17	13	156	6
17	14	168	7
17	15	180	7
17	16	192	8
17	17	204	8
18	6	76	6
18	7	89	3
18	8	102	
18	9	114	9
18	10	127	6
18	11	140	3
18	12	153	
18	13	165	9
18	14	178	6

$8\frac{1}{2}$

Table des Pièces.

8 PIEDS 1/2 DE LONGUEUR.

Largeur.	Epaisseur.	PRODUIT de chaque pièce.	
		Pieds.	Pouces.
18	15	191	3
18	16	204	
18	17	216	9
18	18	229	6
19	6	80	9
19	7	94	2
19	8	107	8
19	9	121	1
19	10	134	7
19	11	148	
19	12	161	6
19	13	174	11
19	14	188	5
19	15	201	10
19	16	215	4
19	17	228	9
19	18	242	3
19	19	255	8
20	8	113	4
20	9	127	6
20	10	141	8
20	11	155	10
20	12	170	
20	13	184	2
20	14	198	4
20	15	212	6
20	16	226	8
20	17	240	10
20	18	255	
20	19	269	2
20	20	283	4
21	8	119	
21	9	133	10
21	10	148	9
21	11	163	7
21	12	178	6
21	13	193	4
21	14	208	3
21	15	223	1
21	16	238	
21	17	252	10
21	18	267	9
21	19	282	7
21	20	297	6
21	21	312	4
22	8	124	8
22	9	140	3
22	10	155	10
22	11	171	5
22	12	187	
22	13	202	7
22	14	218	2
22	15	233	9
22	16	249	4
22	17	264	11
22	18	280	6
22	19	296	1
22	20	311	8
22	21	327	3
22	22	342	10
23	8	130	4
23	9	146	7
23	10	162	11
23	11	179	2
23	12	195	6
23	13	211	9
23	14	228	1

Table des Pièces.

8 PIEDS 1/2 DE LONGUEUR.

Largeur.	Epaisseur.	PRODUIT de chaque pièce.		Largeur.	Epaisseur.	PRODUIT de chaque pièce.	
		Pieds.	pouces.			Pieds.	pouces.
23	15	244	4	25	18	318	9
23	16	260	8	25	19	336	5
23	17	276	11	25	20	354	2
23	18	293	3	25	21	371	10
23	19	309	6	25	22	389	7
23	20	325	10	25	23	407	3
23	21	342	1	25	24	425	
23	22	358	5	25	25	442	8
23	23	374	8	26	10	184	2
24	8	136		26	11	202	7
24	9	153		26	12	221	
24	10	170		26	13	239	5
24	11	187		26	14	257	10
24	12	204		26	15	276	3
24	13	221		26	16	294	8
24	14	238		26	17	313	1
24	15	255		26	18	331	6
24	16	272		26	19	349	11
24	17	289		26	20	368	4
24	18	306		26	21	386	9
24	19	323		26	22	405	2
24	20	340		26	23	423	7
24	21	337		26	24	442	
24	22	374		26	25	460	5
24	23	391		26	26	478	10
24	24	408		27	10	191	3
25	10	177	1	27	11	210	4
25	11	194	9	27	12	229	6
25	12	212	6	27	13	248	7
25	13	230	2	27	14	267	9
25	14	247	11	27	15	286	10
25	15	265	7	27	16	306	
25	16	283	4	27	17	325	1
25	17	301		27	18	334	3

Table des Pièces.

8 PIEDS 1/2 DE LONGUEUR.

Largeur.	Epaisseur.	PRODUIT de chaque pièce.	
		Pieds.	pouces.
27	19	363	4
27	20	382	6
27	21	401	7
27	22	420	9
27	23	439	10
27	24	459	
27	25	478	1
27	26	497	3
27	27	516	4
28	10	198	4
28	11	218	2
28	12	238	
28	13	257	10
28	14	277	8
28	15	297	6
28	16	317	4
28	17	337	2
28	18	357	
28	19	376	10
28	20	396	8
28	21	416	6
28	22	436	4
28	23	456	2
28	24	476	
28	25	495	10
28	26	515	8
28	27	535	6
28	28	555	4
29	10	205	5
29	11	225	11
29	12	246	6
29	13	267	
29	14	287	7
29	15	308	1

Largeur.	Epaisseur.	PRODUIT de chaque pièce.	
		Pieds.	pouces.
29	16	328	8
29	17	349	2
29	18	369	9
29	19	390	3
29	20	410	10
29	21	431	4
29	22	451	11
29	23	472	5
29	24	493	
29	25	513	6
29	26	534	1
29	27	554	7
29	28	575	2
29	29	595	8
30	10	212	6
30	11	233	9
30	12	255	
30	13	276	3
30	14	297	6
30	15	318	9
30	16	340	
30	17	361	3
30	18	382	6
30	19	403	9
30	20	425	
30	21	446	3
30	22	467	6
30	23	488	9
30	24	510	
30	25	531	3
30	26	552	6
30	27	573	9
30	28	595	
30	29	616	3

Table des Pièces.

8 PIEDS 1/2 DE LONGUEUR.

Largeur.	Epaisseur.	PRODUIT de chaque pièce. Pieds.	pouces.
30	30	637	6
31	10	219	7
31	11	241	6
31	12	263	6
31	13	285	5
31	14	307	5
31	15	329	4
31	16	351	4
31	17	373	3
31	18	395	3
31	19	417	2
31	20	439	2
31	21	461	1
31	22	483	1
31	23	505	
31	24	527	
31	25	548	11
31	26	570	11
31	27	592	10
31	28	614	10
31	29	636	9
31	30	658	9
32	12	272	
32	13	294	8
32	14	317	4
32	15	340	
32	16	362	8
32	17	385	4
32	18	408	
32	19	430	8
32	20	453	4
32	21	476	
32	22	498	8
32	23	521	4
32	24	544	
32	25	566	8
32	26	589	4
32	27	612	
32	28	634	8
32	29	657	4
32	30	680	
32	31	702	8
33	12	280	6
33	13	303	10
33	14	327	3
33	15	350	7
33	16	374	
33	17	397	4
33	18	420	9
33	19	444	1
33	20	467	6
33	21	490	10
33	22	514	3
33	23	537	7
33	24	561	
33	25	584	4
33	26	607	[illegible]
33	27	631	
33	28	654	[illegible]
33	29	677	1
33	30	701	
33	31	724	
33	32	748	
33	33	771	
34	14	337	
34	15	361	
34	16	385	
34	17	409	

Table des Pièces.

8 PIEDS 1/2 DE LONGUEUR.

Largeur.	Epaisseur.	PRODUIT de chaque pièce. Pieds.	pouces.
34	18	433	6
34	19	457	7
34	20	481	8
34	21	505	9
34	22	529	10
34	23	553	11
34	24	578	
34	25	602	1
34	26	626	2
34	27	650	3
34	28	674	4
34	29	698	5
34	30	722	6
34	31	746	7
34	32	770	8
34	33	794	9
34	34	818	10
35	14	347	1
35	15	371	10
35	16	396	8
35	17	421	5
35	18	446	3
35	19	471	
35	20	495	10
35	21	520	7
35	22	545	5
35	23	570	2
35	24	595	
35	25	619	9
35	26	644	7
35	27	669	4
35	28	694	2
35	29	718	11
35	30	743	9
35	31	768	6
35	32	793	4
35	33	818	1
35	34	842	11
35	35	867	8
36	14	357	
36	15	382	6
36	16	408	
36	17	433	6
36	18	459	
36	19	484	6
36	20	510	
36	21	535	6
36	22	561	
36	23	586	6
36	24	612	
36	25	637	6
36	26	663	
36	27	688	6
36	28	714	
36	29	739	6
36	30	765	
36	31	790	6
36	32	816	
36	33	841	6
36	34	867	
36	35	892	6
36	36	918	
37	16	419	4
37	17	445	6
37	18	471	9
37	19	497	11
37	20	524	2
37	21	550	4

Table des Pièces.

9 PIEDS 1/2 DE LONGUEUR.

Largeur.	Epaisseur.	PRODUIT de chaque pièce. Pieds.	pouces.
12	6	57	
12	7	66	6
12	8	76	
12	9	85	6
12	10	95	
12	11	104	6
12	12	114	
13	6	61	9
13	7	72	
13	8	82	4
13	9	92	7
13	10	102	11
13	11	113	2
13	12	123	6
13	13	133	9
14	6	66	6
14	7	77	7
14	8	88	8
14	9	99	9
14	10	110	10
14	11	121	11
14	12	133	
14	13	144	1
14	14	155	2
15	6	71	3
15	7	83	1
15	8	95	
15	9	106	10
15	10	118	9
15	11	130	7
15	12	142	6
15	13	154	4
15	14	166	3
15	15	178	1
16	6	76	
16	7	88	8
16	8	101	4
16	9	114	
16	10	126	8
16	11	139	4
16	12	152	
16	13	164	8
16	14	177	4
16	15	190	
16	16	202	8
17	6	80	9
17	7	94	2
17	8	107	8
17	9	121	1
17	10	134	6
17	11	148	
17	12	161	6
17	13	174	11
17	14	188	5
17	15	201	10
17	16	215	4
17	17	228	9
18	6	85	6
18	7	99	9
18	8	114	
18	9	128	3
18	10	142	6
18	11	156	9
18	12	171	
18	13	185	3
18	14	199	6

9 ½

Table des Pièces.

9 PIEDS 1/2 DE LONGUEUR.

Largeur.	Epaisseur.	PRODUIT de chaque pièce.		Largeur.	Epaisseur.	PRODUIT de chaque pièce.	
		Pieds.	Pouces.			Pieds.	Pouces.
18	15	213	9	21	10	166	3
18	16	228		21	11	182	10
18	17	242	3	21	12	199	6
18	18	256	6	21	13	216	1
				21	14	232	9
19	6	90	3	21	15	249	4
19	7	105	3	21	16	266	
19	8	120	4	21	17	282	7
19	9	135	4	21	18	299	3
19	10	150	5	21	19	315	10
19	11	165	5	21	20	332	6
19	12	180	6	21	21	349	1
19	13	195	6				
19	14	210	7	22	8	139	4
19	15	225	7	22	9	156	9
19	16	240	8	22	10	174	2
19	17	255	8	22	11	191	7
19	18	270	9	22	12	209	
19	19	285	9	22	13	226	5
				22	14	243	10
20	8	126	8	22	15	261	3
20	9	142	6	22	16	278	8
20	10	158	4	22	17	296	1
20	11	174	2	22	18	313	6
20	12	190		22	19	330	11
20	13	205	10	22	20	348	4
20	14	221	8	22	21	365	9
20	15	237	6	22	22	383	2
20	16	253	4				
20	17	269	2	23	8	145	8
20	18	285		23	9	163	10
20	19	300	10	23	10	182	1
20	20	316	8	23	11	200	3
				23	12	218	6
21	8	133		23	13	236	8
21	9	149	7	23	14	254	11

Table des Pièces.

9 PIEDS 1/2 DE LONGUEUR.

Largeur.	Epaisseur.	PRODUIT de chaque pièce.	
		Pieds.	pouces.
23	15	273	1
23	16	291	4
23	17	309	6
23	18	327	9
23	19	345	11
23	20	364	2
23	21	382	4
23	22	400	7
23	23	418	9
24	8	152	
24	9	171	
24	10	190	
24	11	209	
24	12	228	
24	13	247	
24	14	266	
24	15	285	
24	16	304	
24	17	323	
24	18	342	
24	19	361	
24	20	380	
24	21	399	
24	22	418	
24	23	437	
24	24	456	
25	10	197	11
25	11	217	8
25	12	237	6
25	13	257	3
25	14	277	1
25	15	296	10
25	16	316	8
25	17	336	5
25	18	356	3
25	19	376	
25	20	395	10
25	21	415	7
25	22	435	4
25	23	455	2
25	24	475	
25	25	494	9
26	10	205	10
26	11	226	5
26	12	247	
26	13	267	7
26	14	288	2
26	15	308	9
26	16	329	4
26	17	349	11
26	18	370	6
26	19	391	1
26	20	411	8
26	21	432	3
26	22	452	10
26	23	473	5
26	24	494	
26	25	514	7
26	26	535	2
27	10	213	9
27	11	235	1
27	12	256	6
27	13	277	10
27	14	299	3
27	15	320	7
27	16	342	
27	17	363	4
27	18	384	9

Table des Pièces.

9 PIEDS 1/2 DE LONGUEUR.

Largeur.	Épaisseur.	PRODUIT de chaque pièce.		Largeur.	Épaisseur.	PRODUIT de chaque pièce.	
		Pieds.	pouces.			Pieds.	pouces.
27	19	406	1	29	16	367	4
27	20	427	6	29	17	390	3
27	21	448	10	29	18	413	3
27	22	470	3	29	19	436	2
27	23	491	7	29	20	459	2
27	24	513		29	21	482	1
27	25	534	4	29	22	505	1
27	26	555	9	29	23	528	
27	27	577	1	29	24	551	
28	10	221	8	29	25	573	11
28	11	243	10	29	26	596	10
28	12	266		29	27	619	10
28	13	288	2	29	28	642	9
28	14	310	4	29	29	665	9
28	15	332	6	30	10	237	6
28	16	354	8	30	11	261	3
28	17	376	10	30	12	285	
28	18	399		30	13	308	9
28	19	421	2	30	14	332	6
28	20	443	4	30	15	356	3
28	21	465	6	30	16	380	
28	22	487	8	30	17	403	9
28	23	509	10	30	18	427	6
28	24	532		30	19	451	3
28	25	554	2	30	20	475	
28	26	576	4	30	21	498	9
28	27	598	6	30	22	522	6
28	28	620	8	30	23	546	3
29	10	229	7	30	24	570	
29	11	252	6	30	25	593	9
29	12	275	6	30	26	617	6
29	13	298	5	30	27	641	3
29	14	321	5	30	28	665	
29	15	344	4	30	29	688	9

Table des Pièces.

9 PIEDS 1/2 DE LONGUEUR.

Largeur.	Epaisseur.	PRODUIT de chaque pièce. Pieds.	pouces.	Largeur.	Epaisseur.	PRODUIT de chaque pièce. Pieds.	pouces.
30	30	712	6	32	24	608	
31	10	245	5	32	25	633	4
31	11	269	11	32	26	658	8
31	12	294	6	32	27	684	
31	13	319		32	28	709	4
31	14	343	7	32	29	734	8
31	15	368	1	32	30	760	
31	16	392	8	32	31	785	4
31	17	417	2	33	12	313	6
31	18	441	9	33	13	339	7
31	19	466	3	33	14	365	9
31	20	490	10	33	15	391	10
31	21	515	4	33	16	418	
31	22	539	11	33	17	444	1
31	23	564	5	33	18	470	3
31	24	589		33	19	496	4
31	25	613	6	33	20	522	6
31	26	638	1	33	21	548	7
31	27	662	7	33	22	574	9
31	28	687	2	33	23	600	10
31	29	711	8	33	24	627	
31	30	736	3	33	25	653	1
32	12	304		33	26	679	3
32	13	329	4	33	27	705	4
32	14	354	8	33	28	731	6
32	15	380		33	29	757	7
32	16	405	4	33	30	783	9
32	17	430	8	33	31	809	10
32	18	456		33	32	836	
32	19	481	4	33	33	862	1
32	20	506	8	34	14	376	10
32	21	532		34	15	403	9
32	22	557	4	34	16	430	8
32	23	582	8	34	17	457	7

Table des Pièces.

9 PIEDS 1/2 DE LONGUEUR.

Largeur.	Epaisseur.	PRODUIT de chaque pièce.	
		Pieds.	pouces.
34	18	484	6
34	19	511	5
34	20	538	4
34	21	565	3
34	22	592	2
34	23	619	1
34	24	646	
34	25	672	11
34	26	699	10
34	27	726	9
34	28	753	8
34	29	780	7
34	30	807	6
34	31	834	5
34	32	861	4
34	33	888	3
34	34	915	2
35	14	387	11
35	15	415	7
35	16	443	4
35	17	471	
35	18	498	9
35	19	526	5
35	20	554	2
35	21	581	10
35	22	609	7
35	23	637	3
35	24	665	
35	25	692	8
35	26	720	5
35	27	748	1
35	28	775	10
35	29	803	6
35	30	831	3
35	31	858	11
35	32	886	8
35	33	914	4
35	34	942	1
35	35	969	9
36	14	399	
36	15	427	6
36	16	456	
36	17	484	6
36	18	513	
36	19	541	6
36	20	570	
36	21	598	6
36	22	627	
36	23	655	6
36	24	684	
36	25	712	6
36	26	741	
36	27	769	6
36	28	798	
36	29	826	6
36	30	855	
36	31	883	6
36	32	912	
36	33	940	6
36	34	969	
36	35	997	6
36	36	1026	
37	16	468	8
37	17	497	11
37	18	527	3
37	19	556	5
37	20	585	10
37	21	615	1

Table des Pièces.

9 PIEDS 1/2 DE LONGUEUR.

Largeur.	Epaisseur.	PRODUIT de chaque pièce.		Largeur.	Epaisseur.	PRODUIT de chaque pièce.	
		Pieds.	pouces.			Pieds.	pouces.
37	22	644	5				
37	23	673	8				
37	24	703					
37	25	732	3				
37	26	761	7				
37	27	790	10				
37	28	829	2				
37	29	849	5				
37	30	878	9				
37	31	908					
37	32	937	4				
37	33	966	7				
37	34	975	11				
38	16	481	4				
38	17	511	5				
38	18	541	6				
38	19	571	7				
38	20	601	8				
38	21	631	9				
38	22	661	10				
38	23	691	11				
38	24	722					
38	25	752	1				
38	26	782	2				
38	27	812	3				
38	28	842	4				
38	29	872	5				
38	30	902	6				
38	31	932	7				
38	32	962	8				
38	33	992	9				
38	34	1022	10				
38	35	1052	1				
38	36	1083					

Table des Pièces.

10 PIEDS DE LONGUEUR.

Largeur.	Epaisseur.	PRODUIT de chaque pièce.	
		Pieds.	pouces.
12	6	60	
12	7	70	
12	8	80	
12	9	90	
12	10	100	
12	11	110	
12	12	120	
13	6	65	
13	7	75	10
13	8	86	8
13	9	97	6
13	10	108	4
13	11	119	2
13	12	130	
13	13	140	10
14	6	70	
14	7	81	8
14	8	93	4
14	9	105	
14	10	116	8
14	11	128	4
14	12	140	
14	13	151	8
14	14	163	4
15	6	75	
15	7	87	6
15	8	100	
15	9	112	6
15	10	125	
15	11	137	6
15	12	150	
15	13	162	6
15	14	175	
15	15	187	6
16	6	80	
16	7	93	4
16	8	106	8
16	9	120	
16	10	133	4
16	11	146	8
16	12	160	
16	13	173	4
16	14	186	8
16	15	200	
16	16	213	4
17	6	85	
17	7	99	2
17	8	113	4
17	9	127	6
17	10	141	8
17	11	155	10
17	12	170	
17	13	184	2
17	14	198	4
17	15	212	6
17	16	226	8
17	17	240	10
18	6	90	
18	7	105	
18	8	120	
18	9	135	
18	10	150	
18	11	165	
18	12	180	
18	13	195	
18	14	210	

Table des Pièces.

10 PIEDS DE LONGUEUR.

Largeur.	Épaisseur.	PRODUIT de chaque pièce.	
		Pieds.	pouces.
18	15	225	
18	16	240	
18	17	255	
18	18	270	
19	6	95	
19	7	110	10
19	8	126	8
19	9	142	6
19	10	158	4
19	11	174	2
19	12	190	
19	13	205	10
19	14	221	8
19	15	237	6
19	16	253	4
19	17	269	2
19	18	285	
19	19	300	10
20	6	100	
20	7	116	8
20	8	133	4
20	9	150	
20	10	166	8
20	11	183	4
20	12	200	
20	13	216	8
20	14	233	4
20	15	250	
20	16	266	8
20	17	283	4
20	18	300	
20	19	316	8
20	20	333	4
21	6	105	
21	7	122	6
21	8	140	
21	9	157	6
21	10	175	
21	11	192	6
21	12	201	
21	13	227	6
21	14	245	
21	15	262	6
21	16	280	
21	17	297	6
21	18	315	
21	19	332	6
21	20	350	
21	21	367	6
22	6	110	
22	7	128	4
22	8	146	8
22	9	165	
22	10	183	4
22	11	201	8
22	12	220	
22	13	238	4
22	14	256	8
22	15	275	
22	16	293	4
22	17	311	8
22	18	330	
22	19	348	4
22	20	366	8
22	21	385	
22	22	403	
23	6	115	

Table des Pièces.

10 PIEDS DE LONGUEUR.

Largeur.	Epaisseur.	PRODUIT de chaque pièce.	
		Pieds.	pouces.
23	7	134	2
23	8	153	4
23	9	172	6
23	10	191	8
23	11	210	10
23	12	230	
23	13	249	2
23	14	268	4
23	15	287	6
23	16	306	8
23	17	325	10
23	18	345	
23	19	364	2
23	20	383	4
23	21	402	6
23	22	421	8
23	23	440	10
24	10	200	
24	11	220	
24	12	240	
24	13	260	
24	14	280	
24	15	300	
24	16	320	
24	17	340	
24	18	360	
24	19	380	
24	20	400	
24	21	420	
24	22	440	
24	23	460	
24	24	480	
25	10	208	4
25	11	229	2
25	12	250	6
25	13	270	10
25	14	291	8
25	15	312	6
25	16	333	4
25	17	354	2
25	18	375	
25	19	395	10
25	20	416	8
25	21	437	6
25	22	458	4
25	23	479	2
25	24	500	
25	25	520	10
26	10	216	8
26	11	238	4
26	12	260	
26	13	281	8
26	14	303	4
26	15	325	
26	16	346	8
26	17	368	4
26	18	390	
26	19	411	8
26	20	433	4
26	21	455	
26	22	476	8
26	23	498	4
26	24	520	
26	25	541	8
26	26	563	4
27	10	225	
27	11	247	6
27	12	270	

Table des Pièces.

10 PIEDS DE LONGUEUR.

Largeur.	Epaisseur.	PRODUIT de chaque pièce. Pieds.	pouces.	Largeur.	Epaisseur.	PRODUIT de chaque pièce. Pieds.	pouces.
27	13	292	6	29	10	241	8
27	14	315		29	11	265	10
27	15	337	6	29	12	290	
27	16	360		29	13	314	2
27	17	382	6	29	14	338	4
27	18	405		29	15	362	6
27	19	427	6	29	16	386	8
27	20	450		29	17	410	10
27	21	472	6	29	18	435	
27	22	495		29	19	459	2
27	23	517	6	29	20	483	4
27	24	540		29	21	507	6
27	25	562	6	29	22	531	8
27	26	585		29	23	555	10
27	27	607	6	29	24	580	
				29	25	604	2
28	10	233	4	29	26	628	4
28	11	256	8	29	27	652	6
28	12	280		29	28	676	8
28	13	303	4	29	29	700	10
28	14	326	8				
28	15	350		30	10	250	
28	16	373	4	30	11	275	
28	17	396	8	30	12	300	
28	18	420		30	13	325	
28	19	443	4	30	14	350	
28	20	466	8	30	15	375	
28	21	490		30	16	400	
28	22	513	4	30	17	425	
28	23	536	8	30	18	450	
28	24	560		30	19	475	
28	25	583	4	30	20	500	
28	26	606	8	30	21	525	
28	27	630		30	22	550	
28	28	653	4	30	23	575	

Table des Pièces.

10 PIEDS DE LONGUEUR.

Largeur.	Epaisseur.	PRODUIT de chaque pièce.	
		Pieds.	pouces.
30	24	600	
30	25	625	
30	26	650	
30	27	675	
30	28	700	
30	29	725	
30	30	750	
31	10	258	4
31	11	284	2
31	12	310	
31	13	335	10
31	14	361	8
31	15	387	6
31	16	413	4
31	17	439	2
31	18	465	
31	19	470	10
31	20	516	8
31	21	542	6
31	22	568	4
31	23	594	2
31	24	620	
31	25	645	10
31	26	671	8
31	27	697	6
31	28	723	4
31	29	749	2
31	30	775	
31	31	800	10
32	14	373	4
32	15	400	
32	16	426	8
32	17	453	4
32	18	480	
32	19	506	8
32	20	533	4
32	21	560	
32	22	586	8
32	23	613	4
32	24	640	
32	25	666	8
32	26	693	4
32	27	720	
32	28	746	8
32	29	773	4
32	30	800	
32	31	826	8
32	32	853	4
33	15	412	6
33	16	440	
33	17	467	6
33	18	495	
33	19	522	6
33	20	550	
33	21	577	6
33	22	605	
33	23	632	6
33	24	660	
33	25	687	6
33	26	715	
33	27	742	6
33	28	770	
33	29	797	6
33	30	825	
33	31	852	6
33	32	880	
33	33	907	6
34	15	425	

Table des Pièces.

10 PIEDS DE LONGUEUR.

Largeur.	Epaisseur.	PRODUIT de chaque pièce.	
		Pieds.	pouces.
34	16	453	4
34	17	481	8
34	18	510	
34	19	538	4
34	20	566	8
34	21	595	
34	22	623	4
34	23	651	8
34	24	680	
34	25	708	4
34	26	736	8
34	27	765	
34	28	793	4
34	29	821	8
34	30	850	
34	31	878	4
34	32	906	8
34	33	935	
34	34	963	4
35	14	408	4
35	15	437	6
35	16	466	8
35	17	495	10
35	18	525	
35	19	554	2
35	20	583	4
35	21	612	6
35	22	641	8
35	23	670	10
35	24	700	
35	25	729	2
35	26	758	4
35	27	787	6
35	28	816	8
35	29	845	10
35	30	875	
35	31	904	2
35	32	933	4
35	33	962	6
35	34	991	8
35	35	1020	10
36	14	420	
36	15	450	
36	16	480	
36	17	510	
36	18	540	
36	19	570	
36	20	600	
36	21	630	
36	22	660	
36	23	690	
36	24	720	
36	25	750	
36	26	780	
36	27	810	
36	28	840	
36	29	870	
36	30	900	
36	31	930	
36	32	960	
36	33	990	
36	34	1020	
36	35	1050	
36	36	1080	
37	16	493	4
37	17	524	2
37	18	555	
37	19	585	10

Table des Pièces.

10 PIEDS DE LONGUEUR.

Largeur.	Épaisseur.	PRODUIT de chaque pièce.		Largeur.	Épaisseur.	PRODUIT de chaque pièce.	
		Pieds.	pouces.			Pieds.	pouces.
37	20	616	8	38	35	1108	4
37	21	647	6	38	36	1140	
37	22	678	4				
37	23	709	2				
37	24	740					
37	25	770	10				
37	26	801	8				
37	27	832	6				
37	28	863	4				
37	29	894	2				
37	30	925					
37	31	955	10				
37	32	986	8				
37	33	1017	6				
37	34	1048	4				
38	16	506	8				
38	17	538	4				
38	18	570					
38	19	601	4				
38	20	633	4				
38	21	665					
38	22	696	8				
38	23	728	4				
38	24	760					
38	25	791	8				
38	26	823	4				
38	27	855					
38	28	886	8				
38	29	918	4				
38	30	950					
38	31	981	8				
38	32	1013	4				
38	33	1045					
38	34	1076	8				

Table des Pièces.

10 PIEDS 1/2 DE LONGUEUR.

Largeur.	Epaisseur.	PRODUIT de chaque pièce. Pieds.	pouces.
12	6	63	
12	7	73	6
12	8	84	
12	9	94	6
12	10	105	
12	11	115	6
12	12	126	
13	6	68	3
13	7	79	7
13	8	91	
13	9	102	4
13	10	113	9
13	11	125	1
13	12	136	6
13	13	147	10
14	6	73	6
14	7	85	9
14	8	98	
14	9	110	3
14	10	122	6
14	11	134	9
14	12	147	
14	13	159	3
14	14	171	6
15	6	78	9
15	7	91	10
15	8	105	
15	9	118	1
15	10	131	3
15	11	144	4
15	12	157	6
15	13	170	7
15	14	183	9
15	15	196	10
16	6	84	
16	7	98	
16	8	112	
16	9	126	
16	10	140	
16	11	154	
16	12	168	
16	13	182	
16	14	196	
16	15	210	
16	16	224	
17	6	89	3
17	7	104	1
17	8	119	
17	9	133	10
17	10	148	9
17	11	163	7
17	12	178	6
17	13	193	4
17	14	208	3
17	15	223	1
17	16	238	
17	17	252	10
18	6	94	6
18	7	110	3
18	8	126	
18	9	141	9
18	10	157	6
18	11	173	3
18	12	189	
18	13	204	9
18	14	220	6

Table des Pièces.

10 PIEDS 1/2 DE LONGUEUR.

Largeur.	Epaisseur.	PRODUIT de chaque pièce. Pieds.	Pouces.
18	15	236	3
18	16	252	
18	17	267	9
18	18	283	6
19	6	99	9
19	7	116	4
19	8	133	
19	9	149	7
19	10	166	3
19	11	182	10
19	12	199	6
19	13	216	1
19	14	232	9
19	15	249	4
19	16	266	
19	17	282	7
19	18	299	3
19	19	315	10
20	8	140	
20	9	157	6
20	10	175	
20	11	192	6
20	12	210	
20	13	227	6
20	14	245	
20	15	262	6
20	16	280	
20	17	297	6
20	18	315	
20	19	332	6
20	20	350	
21	8	147	
21	9	165	4
21	10	183	9
21	11	202	1
21	12	220	6
21	13	238	10
21	14	257	
21	15	275	7
21	16	294	
21	17	312	4
21	18	330	9
21	19	349	1
21	20	367	6
21	21	385	10
22	8	154	
22	9	173	3
22	10	192	6
22	11	211	9
22	12	231	
22	13	250	3
22	14	269	6
22	15	288	9
22	16	308	
22	17	327	3
22	18	346	6
22	19	365	9
22	20	385	
22	21	404	6
22	22	423	3
23	8	161	
23	9	181	1
23	10	201	3
23	11	221	4
23	12	241	6
23	13	261	7

Table des Pièces.

10 PIEDS 1/2 DE LONGUEUR.

Largeur.	Epaisseur.	PRODUIT de chaque pièce. Pieds.	pouces.
23	14	281	9
23	15	301	10
23	16	322	
23	17	342	1
23	18	362	3
23	19	382	4
23	20	402	6
23	21	422	7
23	22	442	9
23	23	462	10
24	8	168	
24	9	189	
24	10	210	
24	11	231	
24	12	252	
24	13	273	
24	14	294	
24	15	315	
24	16	336	
24	17	357	
24	18	378	
24	19	399	
24	20	420	
24	21	441	
24	22	462	
24	23	483	
24	24	504	
25	10	218	9
25	11	240	8
25	12	262	6
25	13	284	5
25	14	306	3
25	15	328	2
25	16	350	

Largeur.	Epaisseur.	PRODUIT de chaque pièce. Pieds.	pouces.
25	17	371	11
25	18	393	9
25	19	415	8
25	20	437	6
25	21	459	5
25	22	481	3
25	23	503	1
25	24	525	
25	25	546	10
26	10	227	6
26	11	250	3
26	12	273	
26	13	295	9
26	14	318	6
26	15	341	3
26	16	364	
26	17	386	9
26	18	409	6
26	19	432	3
26	20	455	
26	21	477	9
26	22	500	6
26	23	523	3
26	24	546	
26	25	568	9
26	26	591	6
27	10	236	3
27	11	259	10
27	12	283	6
27	13	307	1
27	14	330	9
27	15	354	4
27	16	378	
27	17	401	7

Table des Pièces.

10 PIEDS 1/2 DE LONGUEUR.

Largeur.	Epaisseur.	PRODUIT de chaque pièce.		Largeur.	Epaisseur.	PRODUIT de chaque pièce.	
		Pieds.	pouces.			Pieds.	pouces.
27	18	425	3	29	15	380	7
27	19	448	10	29	16	406	
27	20	472	6	29	17	431	4
27	21	496	1	29	18	456	9
27	22	519	9	29	19	882	1
27	23	543	4	29	20	507	6
27	24	567		29	21	532	10
27	25	590	7	29	22	558	3
27	26	614	3	29	23	583	7
27	27	637	10	29	24	609	
28	10	245		29	25	634	4
28	11	269	6	29	26	659	9
28	12	294		29	27	685	1
28	13	318	6	29	28	710	6
28	14	343		29	29	735	10
28	15	367	6	30	10	262	6
28	16	392		30	11	288	9
28	17	416	6	30	12	315	
28	18	441		30	13	341	5
28	19	465	6	30	14	367	6
28	20	490		30	15	393	9
28	21	514	6	30	16	420	
28	22	539		30	17	446	3
28	23	563	6	30	18	472	6
28	24	588		30	19	498	9
28	25	612	6	30	20	525	
28	26	637		30	21	551	3
28	27	661	6	30	22	577	6
28	28	686		30	23	603	9
29	10	253	9	30	24	630	
29	11	279	1	30	25	656	3
29	12	304	6	30	26	682	6
29	13	329	10	30	27	708	9
29	14	355	3	30	28	735	

Table des Pièces.

10 PIEDS 1/2 DE LONGUEUR.

Largeur.	Epaisseur.	PRODUIT de chaque pièce. Pieds.	pouces.
30	29	761	3
30	30	787	6
31	10	271	3
31	11	298	4
31	12	325	6
31	13	352	7
31	14	379	9
31	15	406	10
31	16	434	
31	17	461	1
31	18	488	3
31	19	515	4
31	20	542	6
31	21	569	7
31	22	596	9
31	23	623	10
31	24	651	
31	25	678	1
31	26	705	3
31	27	732	4
31	28	759	6
31	29	786	7
31	30	813	9
32	12	336	
32	13	364	
32	14	392	
32	15	420	
32	16	448	
32	17	476	
32	18	504	
32	19	532	
32	20	560	
32	21	588	
32	22	616	
32	23	644	
32	24	672	
32	25	700	
32	26	728	
32	27	756	
32	28	784	
32	29	812	
32	30	840	
32	31	868	
33	12	346	6
33	13	375	5
33	14	404	3
33	15	433	2
33	16	462	
33	17	490	11
33	18	519	9
33	19	548	8
33	20	577	6
33	21	606	5
33	22	635	3
33	23	664	2
33	24	693	
33	25	721	11
33	26	750	9
33	27	779	8
33	28	808	6
33	29	837	5
33	30	866	3
33	31	895	2
33	32	924	
33	33	952	11
34	14	4.6	6
34	15	446	3
34	16	476	

Table des Pièces.

10 PIEDS 1/2 DE LONGUEUR.

Largeur.	Epaisseur.	PRODUIT de chaque pièce.	
		Pieds.	pouces.
34	17	505	9
34	18	535	6
34	19	565	3
34	20	595	
34	21	624	9
34	22	654	6
34	23	684	3
34	24	714	
34	25	743	9
34	26	773	6
34	27	803	3
34	28	833	
34	29	862	9
34	30	892	6
34	31	922	3
34	32	952	
34	33	981	9
34	34	1011	6
35	14	428	9
35	15	459	4
35	16	490	
35	17	520	7
35	18	551	3
35	19	581	10
35	20	612	6
35	21	643	1
35	22	673	9
35	23	704	4
35	24	735	
35	25	765	7
35	26	796	3
35	27	826	10
35	28	857	6
35	29	888	1

Largeur.	Epaisseur.	PRODUIT de chaque pièce.	
		Pieds.	pouces.
35	30	918	9
35	31	949	4
35	32	980	
35	33	1010	7
35	34	1041	3
35	35	1071	10
36	14	441	
36	15	472	6
36	16	504	
36	17	535	6
36	18	567	
36	19	598	6
36	20	630	
36	21	661	6
36	22	693	
36	23	724	6
36	24	756	
36	25	787	6
36	26	819	
36	27	850	6
36	28	882	
36	29	913	6
36	30	945	
36	31	976	6
36	32	1008	
36	33	1039	6
36	34	1071	
36	35	1102	6
36	36	1134	
37	16	518	
37	17	550	4
37	18	582	9
37	19	615	1
37	20	647	

Table des Pièces.

10 PIEDS 1/2 DE LONGUEUR.

Largeur.	Épaisseur.	PRODUIT de chaque pièce.		Largeur.	Épaisseur.	PRODUIT de chaque pièce.	
		Pieds.	pouces.			Pieds.	pouces.
37	21	679	10	38	36	1197	
37	22	712	3				
37	23	744	7				
37	24	777					
37	25	809	4				
37	26	841	8				
37	27	874	1				
37	28	906	5				
37	29	938	10				
37	30	971	2				
37	31	1003	7				
37	32	1036					
37	33	1068	4				
37	34	1100	9				
38	16	532					
38	17	565	3				
38	18	598	6				
38	19	631	9				
38	20	665					
38	21	698	3				
38	22	731	6				
38	23	764	9				
38	24	798					
38	25	831	3				
38	26	864	6				
38	27	897	9				
38	28	931					
38	29	964	3				
38	30	997	6				
38	31	1030	9				
38	32	1064					
38	33	1097	3				
38	34	1130	6				
38	35	1163	9				

Table des Pièces.

11 PIEDS DE LONGUEUR.

Largeur.	Epaisseur.	PRODUIT de chaque pièce.	
		Pieds.	pouces.
12	6	66	
12	7	77	
12	8	88	
12	9	99	
12	10	110	
12	11	121	
12	12	132	
13	6	71	6
13	7	83	5
13	8	95	4
13	9	107	3
13	10	119	2
13	11	131	1
13	12	143	
13	13	154	11
14	6	77	
14	7	89	10
14	8	102	8
14	9	115	6
14	10	128	4
14	11	141	2
14	12	154	
14	13	166	10
14	14	179	8
15	6	82	6
15	7	96	3
15	8	110	
15	9	123	9
15	10	137	6
15	11	151	3
15	12	165	
15	13	178	9
15	14	192	6

Largeur.	Epaisseur.	PRODUIT de chaque pièce.	
		Pieds.	pouces.
15	15	206	3
16	6	88	
16	7	102	8
16	8	117	4
16	9	132	
16	10	146	8
16	11	161	4
16	12	176	
16	13	190	8
16	14	205	4
16	15	220	
16	16	234	8
17	6	93	6
17	7	109	1
17	8	124	8
17	9	140	3
17	10	155	10
17	11	171	5
17	12	187	
17	13	202	7
17	14	218	2
17	15	233	9
17	16	249	4
17	17	264	11
18	6	99	
18	7	115	6
18	8	132	
18	9	148	6
18	10	165	
18	11	181	6
18	12	198	
18	13	214	6
18	14	231	

Table des Pièces.

11 PIEDS DE LONGUEUR.

Largeur.	Epaisseur.	PRODUIT de chaque pièce.	
		Pieds.	pouces.
18	15	247	6
18	16	264	
18	17	280	6
18	18	297	
19	6	104	6
19	7	121	11
19	8	139	4
19	9	156	9
19	10	174	2
19	11	191	7
19	12	209	
19	13	226	5
19	14	243	10
19	15	261	3
19	16	278	8
19	17	296	1
19	18	313	6
19	19	330	11
20	6	110	
20	7	128	4
20	8	146	8
20	9	165	
20	10	183	4
20	11	201	8
20	12	220	
20	13	238	4
20	14	256	8
20	15	275	
20	16	293	4
20	17	311	8
20	18	330	
20	19	348	4
20	20	366	8

Largeur.	Epaisseur.	PRODUIT de chaque pièce.	
		Pieds.	pouces.
21	8	154	
21	9	173	3
21	10	192	6
21	11	211	9
21	12	231	
21	13	250	3
21	14	269	6
21	15	288	9
21	16	308	
21	17	327	3
21	18	346	6
21	19	365	9
21	20	385	
21	21	404	3
22	8	161	4
22	9	181	6
22	10	201	8
22	11	221	10
22	12	242	
22	13	262	2
22	14	282	4
22	15	302	6
22	16	322	8
22	17	342	10
22	18	363	
22	19	383	2
22	20	403	4
22	21	423	6
22	22	443	8
23	8	168	
23	9	189	8
23	10	210	9
23	11	231	11

11

Table des Pièces.

11 PIEDS DE LONGUEUR.

Largeur.	Epaisseur.	PRODUIT de chaque pièce.	
		Pieds.	pouces.
23	12	253	
23	13	274	1
23	14	295	2
23	15	316	3
23	16	337	4
23	17	358	5
23	18	379	6
23	19	400	7
23	20	421	8
23	21	442	9
23	22	463	10
23	23	484	11
24	8	176	
24	9	198	
24	10	220	
24	11	242	
24	12	264	
24	13	286	
24	14	308	
24	15	330	
24	16	352	
24	17	374	
24	18	396	
24	19	418	
24	20	440	
24	21	462	
24	22	484	
24	23	506	
24	24	528	
25	8	183	4
25	9	206	3
25	10	229	2
25	11	252	1
25	12	275	
25	13	297	11
25	14	320	10
25	15	343	9
25	16	366	8
25	17	389	7
25	18	412	6
25	19	435	5
25	20	458	4
25	21	481	3
25	22	504	2
25	23	527	1
25	24	550	
25	25	572	11
26	8	190	8
26	9	214	6
26	10	238	4
26	11	262	2
26	12	286	
26	13	309	10
26	14	333	8
26	15	357	6
26	16	381	4
26	17	405	2
26	18	429	
26	19	452	10
26	20	476	8
26	21	500	6
26	22	524	4
26	23	548	2
26	24	572	
26	25	595	10
26	26	619	8
27	8	198	

Table des Pièces.

11 PIEDS DE LONGUEUR.

Largeur.	Epaisseur.	PRODUIT de chaque pièce.	
		Pieds.	pouces.
27	9	222	9
27	10	247	6
27	11	272	3
27	12	297	
27	13	321	9
27	14	346	6
27	15	371	3
27	16	396	
27	17	420	9
27	18	445	6
27	19	470	3
27	20	495	
27	21	519	9
27	22	544	6
27	23	569	3
27	24	594	
27	25	618	9
27	26	643	6
27	27	668	3
28	8	205	4
28	9	231	
28	10	256	8
28	11	282	4
28	12	308	
28	13	333	8
28	14	359	4
28	15	385	
28	16	410	8
28	17	436	4
28	18	462	
28	19	487	8
28	20	513	4
28	21	539	
28	22	564	8
28	23	590	4
28	24	616	
28	25	641	8
28	26	667	4
28	27	693	
28	28	718	8
29	8	212	8
29	9	239	3
29	10	265	10
29	11	292	5
29	12	319	
29	13	345	7
29	14	372	2
29	15	398	9
29	16	425	4
29	17	451	11
29	18	478	6
29	19	505	1
29	20	531	8
29	21	558	3
29	22	584	10
29	23	611	5
29	24	638	
29	25	664	7
29	26	691	2
29	27	717	9
29	28	744	4
29	29	770	11
30	10	275	
30	11	302	6
30	12	330	
30	13	357	6
30	14	385	
30	15	412	6

Table des Pièces.

11 PIEDS DE LONGUEUR.

Largeur.	Epaisseur.	PRODUIT de chaque pièce.	
		Pieds.	pouces.
30	16	440	
30	17	467	6
30	18	495	
30	19	522	6
30	20	550	
30	21	577	6
30	22	605	
30	23	632	6
30	24	660	
31	11	312	7
31	12	341	
31	13	369	5
31	14	397	10
31	15	426	3
31	16	454	8
31	17	483	1
31	18	511	6
31	19	539	11
31	20	568	4
31	21	596	9
31	22	625	2
31	23	653	7
31	24	682	
31	25	710	5
31	26	738	10
31	27	767	3
31	28	795	8
31	29	824	1
31	30	852	6
31	31	880	11
32	14	410	8
32	15	440	..
32	16	469	4
32	17	498	8
32	18	528	
32	19	557	4
32	20	586	8
32	21	616	
32	22	645	4
32	23	674	8
32	24	704	
32	25	733	4
32	26	762	8
32	27	792	
32	28	821	4
32	29	850	8
32	30	880	
32	31	909	4
32	32	938	8
33	15	453	9
33	16	484	
33	17	514	3
33	18	544	6
33	19	574	9
33	20	605	
33	21	635	3
33	22	665	6
33	23	695	9
33	24	726	
33	25	756	3
33	26	786	6
33	27	816	9
33	28	847	
33	29	877	3
33	30	907	6
33	31	937	9
33	32	968	
33	33	998	3

Table des Pièces.

11 PIEDS DE LONGUEUR.

Largeur.	Epaisseur.	PRODUIT de chaque pièce. Pieds.	pouces.	Largeur.	Epaisseur.	PRODUIT de chaque pièce. Pieds.	pouces.
34	15	467	6	35	28	898	4
34	16	498	8	35	29	930	5
34	17	529	10	35	30	962	6
34	18	561		35	31	994	7
34	19	592	2	35	32	1026	8
34	20	623	4	35	33	1058	9
34	21	654	6	35	34	1090	10
34	22	685	8	35	35	1122	11
34	23	716	10	36	14	462	
34	24	748		36	15	495	
34	25	779	2	36	16	528	
34	26	810	4	36	17	561	
34	27	841	6	36	18	594	
34	28	872	8	36	19	627	
34	29	903	10	36	20	660	
34	30	935		36	21	693	
34	31	966	2	36	22	726	
34	32	997	4	36	23	759	
34	33	1028	6	36	24	792	
34	34	1059	8	36	25	825	
35	14	449	2	36	26	858	
35	15	481	3	36	27	891	
35	16	513	4	36	28	924	
35	17	545	5	36	29	957	
35	18	577	6	36	30	990	
35	19	609	7	36	31	1023	
35	20	641	8	36	32	1056	
35	21	673	9	36	33	1089	
35	22	705	10	36	34	1122	
35	23	737	11	36	35	1155	
35	24	770		36	36	1188	
35	25	802	1	37	16	542	8
35	26	834	2	37	17	576	7
35	27	866	3	37	18	610	6

Table des Pièces.

11 PIEDS DE LONGUEUR.

Largeur.	Épaisseur.	PRODUIT de chaque pièce. Pieds.	pouces.	Largeur.	Épaisseur.	PRODUIT de chaque pièce. Pieds.	pouces.
37	19	644	5	38	34	1184	4
37	20	678	4	38	35	1219	2
37	21	712	3	38	36	1254	
37	22	746	2				
37	23	780	1				
37	24	814					
37	25	847	11				
37	26	881	10				
37	27	915	9				
37	28	949	8				
37	29	983	7				
37	30	1017	6				
37	31	1051	5				
37	32	1085	4				
37	33	1119	3				
37	34	1153	2				
38	16	557	4				
38	17	592	2				
38	18	627					
38	19	661	10				
38	20	696	8				
38	21	731	6				
38	22	766	4				
38	23	801	2				
38	24	836					
38	25	870	10				
38	26	905	8				
38	27	940	6				
38	28	975	4				
38	29	1010	2				
38	30	1045					
38	31	1079	10				
38	32	1114	8				
38	33	1149	6				

Table des Pièces.

11 PIEDS 1/2 DE LONGUEUR.

Largeur.	Épaisseur.	PRODUIT de chaque pièce.		Largeur.	Épaisseur.	PRODUIT de chaque pièce.	
		Pieds.	pouces.			Pieds.	pouces.
12	6	69		15	15	215	7
12	7	80	6	16	6	92	
12	8	92		16	7	107	4
12	9	103	6	16	8	122	8
12	10	115		16	9	138	
12	11	126	6	16	10	153	4
12	12	138		16	11	168	8
13	6	74	9	16	12	184	
13	7	87	2	16	13	199	4
13	8	99	8	16	14	214	8
13	9	112	1	16	15	230	
13	10	124	7	16	16	245	4
13	11	137		17	6	97	9
13	12	149	6	17	7	114	
13	13	161	11	17	8	130	4
14	6	80	6	17	9	146	7
14	7	93	11	17	10	162	11
14	8	107	4	17	11	179	2
14	9	120	9	17	12	195	6
14	10	134	2	17	13	211	9
14	11	147	7	17	14	228	1
14	12	161		17	15	244	4
14	13	174	5	17	16	260	8
14	14	187	10	17	17	277	1
15	6	86	3	18	6	103	6
15	7	100	7	18	7	120	9
15	8	115		18	8	138	
15	9	129	4	18	9	155	3
15	10	143	9	18	10	172	6
15	11	158	1	18	11	189	9
15	12	172	6	18	12	207	
15	13	186	10	18	13	224	3
15	14	201	2	18	14	241	6

Table des Pièces.

11 PIEDS 1/2 DE LONGUEUR.

Largeur.	Epaisseur.	PRODUIT de chaque pièce. Pieds.	Pouces.
18	15	258	9
18	16	276	
18	17	293	3
18	18	310	6
19	6	109	3
19	7	127	5
19	8	145	8
19	9	163	10
19	10	182	1
19	11	200	3
19	12	218	6
19	13	236	8
19	14	254	11
19	15	273	1
19	16	291	4
19	17	309	6
19	18	327	9
19	19	345	11
20	8	153	4
20	9	172	6
20	10	191	8
20	11	210	10
20	12	230	
20	13	249	2
20	14	268	4
20	15	287	6
20	16	306	8
20	17	325	10
20	18	345	
20	19	364	2
20	20	383	4
21	8	161	
21	9	181	1
21	10	201	3
21	11	221	4
21	12	241	6
21	13	261	7
21	14	281	9
21	15	301	10
21	16	322	
21	17	342	1
21	18	362	3
21	19	382	4
21	20	402	6
21	21	422	7
22	8	168	8
22	9	189	9
22	10	210	10
22	11	231	11
22	12	253	
22	13	274	1
22	14	295	2
22	15	316	3
22	16	337	4
22	17	358	5
22	18	379	6
22	19	400	7
22	20	421	8
22	21	442	9
22	22	463	10
23	8	176	4
23	9	198	4
23	10	220	5
23	11	242	5
23	12	264	6
23	13	286	6

Table des Pièces.

11 PIEDS 1/2 DE LONGUEUR.

Largeur.	Épaisseur.	PRODUIT de chaque pièce. Pieds.	pouces.
23	14	308	7
23	15	330	7
23	16	352	8
23	17	374	8
23	18	396	9
23	19	418	9
23	20	440	10
23	21	462	10
23	22	484	11
23	23	506	11
24	8	184	
24	9	207	
24	10	230	
24	11	253	
24	12	276	
24	13	299	
24	14	322	
24	15	345	
24	16	368	
24	17	391	
24	18	414	
24	19	437	
24	20	460	
24	21	483	
24	22	506	
24	23	529	
24	24	552	
25	10	239	7
25	11	263	6
25	12	287	6
25	13	311	5
25	14	335	5
25	15	359	4

Largeur.	Épaisseur.	PRODUIT de chaque pièce. Pieds.	pouces.
25	16	383	4
25	17	407	3
25	18	431	3
25	19	465	2
25	20	479	2
25	21	503	1
25	22	527	1
25	23	551	
25	24	575	
25	25	598	11
26	10	249	2
26	11	274	1
26	12	299	
26	13	323	11
26	14	348	10
26	15	373	9
26	16	398	8
26	17	423	7
26	18	448	6
26	19	473	5
26	20	498	4
26	21	523	3
26	22	548	2
26	23	573	1
26	24	598	
26	25	622	11
26	26	647	10
27	10	258	9
27	11	284	7
27	12	310	6
27	13	336	4
27	14	362	3
27	15	388	1
27	16	414	

Table des Pièces.

11 PIEDS 1/2 DE LONGUEUR.

Largeur.	Epaisseur.	PRODUIT de chaque pièce.	
		Pieds.	pouces.
27	17	439	10
27	18	465	9
27	19	491	7
27	20	517	6
27	21	543	4
27	22	569	3
27	23	595	1
27	24	621	
27	25	646	10
27	26	672	9
27	27	698	7
28	10	268	4
28	11	295	2
28	12	322	
28	13	348	10
28	14	375	8
28	15	402	6
28	16	429	4
28	17	456	2
28	18	483	
28	19	509	10
28	20	536	8
28	21	563	6
28	22	590	4
28	23	617	2
28	24	644	
28	25	670	10
28	26	697	8
28	27	724	6
28	28	751	4
29	10	277	11
29	11	305	8
29	12	333	6
29	13	361	3
29	14	389	1
29	15	416	10
29	16	444	8
29	17	472	5
29	18	500	3
29	19	528	
29	20	555	10
29	21	583	7
29	22	611	5
29	23	639	2
29	24	667	
29	25	694	9
29	26	722	7
29	27	750	4
29	28	778	2
29	29	805	11
30	10	287	6
30	11	316	3
30	12	345	
30	13	373	9
30	14	402	6
30	15	431	3
30	16	460	
30	17	488	9
30	18	517	6
30	19	546	3
30	20	575	
30	21	603	9
30	22	632	6
30	23	661	3
30	24	690	
30	25	718	9
30	26	747	6
30	27	776	3

Table des Pièces.

11 PIEDS 1/2 DE LONGUEUR.

Largeur.	Epaisseur.	PRODUIT de chaque pièce. Pieds.	pouces.
30	28	805	
30	29	833	9
30	30	862	6
31	10	297	1
31	11	326	9
31	12	356	6
31	13	386	2
31	14	415	11
31	15	445	7
31	16	475	4
31	17	505	
31	18	534	9
31	19	564	5
31	20	594	2
31	21	623	10
31	22	653	7
31	23	683	3
31	24	713	
31	25	742	8
31	26	772	5
31	27	802	1
31	28	831	10
31	29	861	6
31	30	891	3
32	12	368	
32	13	398	8
32	14	429	4
32	15	460	
32	16	490	8
32	17	521	4
32	18	552	
32	19	582	8
32	20	613	4
32	21	644	
32	22	674	8
32	23	705	4
32	24	736	
32	25	766	8
32	26	797	4
32	27	828	
32	28	858	8
32	29	889	4
32	30	920	
32	31	950	8
33	12	379	6
33	13	411	1
33	14	442	9
33	15	474	4
33	16	506	
33	17	537	7
33	18	569	3
33	19	600	10
33	20	632	6
33	21	664	1
33	22	695	9
33	23	727	4
33	24	769	
33	25	790	7
33	26	822	3
33	27	853	10
33	28	885	6
33	29	917	1
33	30	948	9
33	31	980	4
33	32	1012	
33	33	1043	7
34	14	455	2
34	15	487	9

Table des Pièces.

11 PIEDS 1/2 DE LONGUEUR.

Largeur.	Epaisseur.	PRODUIT de chaque pièce. Pieds.	pouces.	Largeur.	Epaisseur.	PRODUIT de chaque pièce Pieds.	pouces.
34	16	520	4	35	29	972	8
34	17	552	11	35	30	1006	3
34	18	585	6	35	31	1039	9
34	19	618	1	35	32	1073	4
34	20	650	8	35	33	1106	10
34	21	683	3	35	34	1140	5
34	22	715	10	35	35	1174	
34	23	748	5	36	14	483	
34	24	781		36	15	517	6
34	25	813	7	36	16	552	
34	26	846	2	36	17	586	6
34	27	878	9	36	18	621	
34	28	910	4	36	19	655	6
34	29	942	11	36	20	690	
34	30	975	6	36	21	724	6
34	31	1008	1	36	22	759	
34	32	1040	8	36	23	793	6
34	33	1073	3	36	24	828	
34	34	1105	10	36	25	862	6
35	14	469	7	36	26	897	
35	15	503	1	36	27	931	6
35	16	536	8	36	28	966	
35	17	570	2	36	29	1000	6
35	18	603	9	36	30	1035	
35	19	637	3	36	31	1069	6
35	20	670	10	36	32	1104	
35	21	704	4	36	33	1138	6
35	22	737	11	36	34	1173	
35	23	771	5	36	35	1207	6
35	24	805		36	36	1242	
35	25	838	6	37	16	574	4
35	26	872	1	37	17	602	9
35	27	905	7	37	18	638	3
35	28	939	2	37	19	673	8

Table des Pièces.

11 PIEDS 1/2 DE LONGUEUR.

Largeur.	Épaisseur.	PRODUIT de chaque pièce.		Largeur.	Épaisseur.	PRODUIT de chaque pièce.	
		Pieds.	pouces.			Pieds.	pouces.
37	20	709	2	38	35	1274	7
37	21	744	7	38	36	1311	
37	22	780	1				
37	23	815	6				
37	24	851					
37	25	886	5				
37	26	921	11				
37	27	957	4				
37	28	992	10				
37	29	1028	3				
37	30	1063	9				
37	31	1099	2				
37	32	1134	8				
37	33	1170	1				
37	34	1205	7				
38	16	582	8				
38	17	619	1				
38	18	655	6				
38	19	691	11				
38	20	728	4				
38	21	764	9				
38	22	801	2				
38	23	837	7				
38	24	874					
38	25	910	5				
38	26	946	10				
38	27	983	3				
38	28	1019	8				
38	29	1056	1				
38	30	1092	6				
38	31	1128	11				
38	32	1166	4				
38	33	1201	9				
38	34	1238	2				

Table des Pièces.

12 PIEDS DE LONGUEUR.

Largeur.	Epaisseur.	PRODUIT de chaque pièce.	
		Pieds.	pouces.
12	6	72	
12	7	84	
12	8	96	
12	9	108	
12	10	120	
12	11	132	
12	12	144	
13	6	78	
13	7	91	
13	8	104	
13	9	117	
13	10	130	
13	11	143	
13	12	156	
13	13	169	
14	6	84	
14	7	98	
14	8	112	
14	9	126	
14	10	140	
14	11	154	
14	12	168	
14	13	182	
14	14	196	
15	6	90	
15	7	105	
15	8	120	
15	9	135	
15	10	150	
15	11	165	
15	12	180	
15	13	195	
15	14	210	
15	15	225	
16	6	96	
16	7	112	
16	8	128	
16	9	144	
16	10	160	
16	11	176	
16	12	192	
16	13	208	
16	14	224	
16	15	240	
16	16	256	
17	6	102	
17	7	119	
17	8	136	
17	9	153	
17	10	170	
17	11	187	
17	12	204	
17	13	221	
17	14	238	
17	15	255	
17	16	272	
17	17	289	
18	6	108	
18	7	126	
18	8	144	
18	9	162	
18	10	180	
18	11	198	
18	12	216	
18	13	234	
18	14	252	

Table des Pièces.

12 PIEDS DE LONGUEUR.

Largeur.	Epaisseur.	PRODUIT de chaque pièce.	
		Pieds.	pouces.
18	15	270	
18	16	288	
18	17	306	
18	18	324	
19	6	114	
19	7	133	
19	8	152	
19	9	171	
19	10	190	
19	11	209	
19	12	228	
19	13	247	
19	14	266	
19	15	285	
19	16	304	
19	17	323	
19	18	342	
19	19	361	
20	6	120	
20	7	140	
20	8	160	
20	9	180	
20	10	200	
20	11	220	
20	12	240	
20	13	260	
20	14	280	
20	15	300	
20	16	320	
20	17	340	
20	18	360	
20	19	380	
20	20	400	

Largeur.	Epaisseur.	PRODUIT de chaque pièce.	
		Pieds.	pouces.
21	6	126	
21	7	147	
21	8	168	
21	9	189	
21	10	210	
21	11	231	
21	12	252	
21	13	273	
21	14	294	
21	15	315	
21	16	336	
21	17	357	
21	18	378	
21	19	399	
21	20	420	
21	21	441	
22	8	176	
22	9	198	
22	10	220	
22	11	242	
22	12	264	
22	13	286	
22	14	308	
22	15	330	
22	16	352	
22	17	374	
22	18	396	
22	19	418	
22	20	440	
22	21	462	
22	22	484	
23	8	184	
23	9	207	

12

Table des Pièces.

12 PIEDS DE LONGUEUR.

Largeur.	Epaisseur.	PRODUIT de chaque pièce. Pieds.	pouces.	Largeur.	Epaisseur.	PRODUIT de chaque pièce. Pieds.	pouces.
23	10	230		25	10	250	
23	11	253		25	11	275	
23	12	276		25	12	300	
23	13	299		25	13	325	
23	14	322		25	14	350	
23	15	345		25	15	375	
23	16	368		25	16	400	
23	17	391		25	17	425	
23	18	414		25	18	450	
23	19	437		25	19	475	
23	20	460		25	20	500	
23	21	483		25	21	525	
23	22	506		25	22	550	
23	23	529		25	23	575	
				25	24	600	
24	8	192		25	25	625	
24	9	216					
24	10	240		26	8	208	
24	11	264		26	9	234	
24	12	288		26	10	260	
24	13	312		26	11	286	
24	14	336		26	12	312	
24	15	360		26	13	338	
24	16	384		26	14	364	
24	17	408		26	15	390	
24	18	432		26	16	416	
24	19	456		26	17	442	
24	20	480		26	18	468	
24	21	504		26	19	494	
24	22	528		26	20	520	
24	23	552		26	21	546	
24	24	576		26	22	572	
				26	23	598	
25	8	200		26	24	624	
25	9	225		26	25	650	

Table des Pièces.

12 PIEDS DE LONGUEUR.

Largeur.	Epaisseur.	PRODUIT de chaque pièce.	
		Pieds.	pouces.
26	26	676	
27	10	270	
27	11	297	
27	12	324	
27	13	351	
27	14	378	
27	15	405	
27	16	432	
27	17	459	
27	18	486	
27	19	513	
27	20	540	
27	21	567	
27	22	594	
27	23	621	
27	24	648	
27	25	675	
27	26	702	
27	27	729	
28	10	280	
28	11	308	
28	12	336	
28	13	364	
28	14	392	
28	15	420	
28	16	448	
28	17	476	
28	18	504	
28	19	532	
28	20	560	
28	21	588	
28	22	616	
28	23	644	
28	24	672	
28	25	700	
28	26	728	
28	27	756	
28	28	784	
29	10	290	
29	11	319	
29	12	348	
29	13	377	
29	14	406	
29	15	435	
29	16	464	
29	17	493	
29	18	522	
29	19	551	
29	20	580	
29	21	609	
29	22	638	
29	23	667	
29	24	696	
29	25	725	
29	26	754	
29	27	783	
29	28	812	
29	29	841	
30	10	300	
30	11	330	
30	12	360	
30	13	390	
30	14	420	
30	15	450	
30	16	480	
30	17	510	
30	18	540	
30	19	570	

Table des Pièces.

12 PIEDS DE LONGUEUR.

Largeur.	Epaisseur.	PRODUIT de chaque pièce.		Largeur.	Epaisseur.	PRODUIT de chaque pièce.	
		Pieds.	pouces.			Pieds.	pouces.
30	20	600		32	22	704	
30	21	630		32	23	736	
30	22	660		32	24	768	
30	23	690		32	25	800	
30	24	720		32	26	832	
30	25	750		32	27	864	
30	26	780		32	28	896	
30	27	810		32	29	928	
30	28	840		32	30	960	
31	14	434		32	31	992	
31	15	465		33	13	429	
31	16	496		33	14	462	
31	17	527		33	15	495	
31	18	558		33	16	528	
31	19	589		33	17	561	
31	20	620		33	18	594	
31	21	651		33	19	627	
31	22	682		33	20	660	
31	23	713		33	21	693	
31	24	744		33	22	726	
31	25	775		33	23	759	
31	26	806		33	24	792	
31	27	837		33	25	825	
31	28	868		33	26	858	
31	29	899		33	27	891	
31	30	930		33	28	924	
32	14	448		33	29	957	
32	15	480		33	30	990	
32	16	512		33	31	1023	
32	17	544		33	32	1056	
32	18	576		33	33	1089	
32	19	608		34	13	442	
32	20	640		34	14	476	
32	21	672		34	15	510	

Table des Pièces.

12 PIEDS DE LONGUEUR.

Largeur.	Epaisseur.	PRODUIT de chaque pièce. Pieds.	pouces.	Largeur.	Epaisseur.	PRODUIT de chaque pièce. Pieds.	pouces.
34	16	544		35	29	1015	
34	17	578		35	30	1050	
34	18	612		35	31	1085	
34	19	646		35	32	1120	
34	20	680		35	33	1155	
34	21	714		35	34	1190	
34	22	748		35	35	1225	
34	23	782		36	16	576	
34	24	816		36	17	612	
34	25	850		36	18	648	
34	26	884		36	19	684	
34	27	918		36	20	720	
34	28	952		36	21	756	
34	29	986		36	22	792	
34	30	1020		36	23	828	
34	31	1054		36	24	864	
34	32	1088		36	25	900	
34	33	1122		36	26	936	
34	34	1156		36	27	972	
35	14	490		36	28	1008	
35	15	525		36	29	1044	
35	16	560		36	30	1080	
35	17	595		36	31	1116	
35	18	630		36	32	1152	
35	19	665		36	33	1188	
35	20	700		36	34	1224	
35	21	735		36	35	1260	
35	22	770		36	36	1296	
35	23	805		37	16	592	
35	24	840		37	17	629	
35	25	875		37	18	666	
35	26	910		37	19	703	
35	27	945		37	20	740	
35	28	980		37	21	777	

Table des Pièces.

12 PIEDS DE LONGUEUR.

Largeur.	Epaisseur.	PRODUIT de chaque pièce. Pieds.	pouces.	Largeur.	Epaisseur.	PRODUIT de chaque pièce. Pieds.	pouces.
37	22	814		38	35	1330	
37	23	851		38	36	1368	
37	24	888		38	37	1406	
37	25	925					
37	26	962					
37	27	999					
37	28	1036					
37	29	1073					
37	30	1110					
37	31	1147					
37	32	1184					
37	33	1221					
37	34	1258					
37	35	1295					
37	36	1332					
37	37	1369					
38	17	646					
38	18	684					
38	19	722					
38	20	760					
38	21	798					
38	22	836					
38	23	874					
38	24	912					
38	25	950					
38	26	988					
38	27	1026					
38	28	1064					
38	29	1102					
38	30	1140					
38	31	1178					
38	32	1216					
38	33	1254					
38	34	1292					

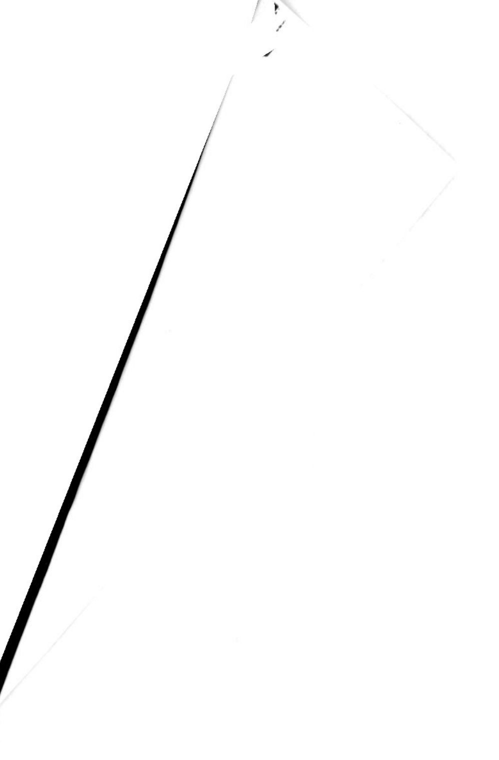

www.ingramcontent.com/pod-product-compliance
Ingram Content Group UK Ltd.
Pitfield, Milton Keynes, MK11 3LW, UK
UKHW020918180726
13838UKWH00002B/613